La Spirale et l'Absolu

Francis André-Cartigny

La Spirale et l'Absolu

Pèlerinages, médiations, miracles et influences spirituelles dans les trois religions monothéistes

Collection de l'Aubépine

Ouvrage n° 2

Édition : BoD – Books on Demand, info@bod.fr

Impression : BoD – Books on Demand, In de Tarpen 42, Norderstedt (Allemagne)

Impression à la demande

ISBN : 978-2-3224-5022-0

Dépôt légal : Septembre 2022

Ouvrages édités

La Roue Enflammée de Contz-les-Bains, sous-titré „Rites et langage dans la Vallée de la Moselle" chez Fensch Vallée 2000.

Le Temps de l'Enfance en Lorraine, sous-titré „Pays-des-Trois-Frontières - Sarre - Luxembourg" chez La Geste 2021.

Le Culte des Fontaines et les Hospitaliers de Saint Jean, sous-titré Sierck Résidence des Ducs de Lorraine - Eaux et Sommets aux Pays de Sierck et de Rodemack - Val de l'Altbach-Gander Franco-Luxembourgeois. 2021 chez Bod.

Petite Grammaire Luxembourgeoise. 2022 chez Bod.

Selon l'ordre de Melchisédech - Tradition Primordiale - Débuts du Christianisme - Rois Mages - Variations Romaines. BOD 2022

La Spirale des Cycles - De la Genèse au Monde Moderne - 2022- BOD

Dédicace

À mon village en Lorraine Mosellane resté fidèle depuis le 14ième siècle au chemin de reconnaissance à Notre Dame des Sept douleurs de Rustroff pour avoir été épargné de la peste.

Remerciement à Marie Puech pour son dévoué concours.

La Chapelle du Castel est située en Lorraine Mosellane à la frontière même du Grand-Duché. Placée sous juridiction de l'Évêché du Luxembourg elle est dédiée au Saint-Sauveur et fait l'objet d'un pèlerinage tous les Lundis de Pentecôte. Les pénitents portaient une couronne de fer sur la tête afin de vénérer la Sainte Couronne d'Épines, implorant ainsi l'allègement de leurs maux. Certains pèlerins viennent encore à pied de tous les pays limitrophes et maintiennent ainsi la tradition. C'est l'occasion pour les habitants de renouveler les liens historiques d'une même communauté paroissiale partagée par la frontière depuis 1769 par un Traité entre la France et l'Autriche.

Que contient ce livre ?

Liste des illustrations et schémas

Références

René Guénon est né le 15 novembre 1886 à Blois et disparait au Caire en 1951 après avoir laissé une œuvre intellectuelle majeure que l'on retrouve dans ses dix-sept ouvrages, auxquels s'ajoutent dix recueils d'articles publiés à titre posthume, soit vingt-sept titres régulière -ment réédités. Ces livres ont trait principalement à la métaphysique, au symbolisme, à l'ésotérisme et à la critique du monde moderne. Son œuvre oppose les civilisations restées fidèles à l'« esprit traditionnel », qui selon lui « n'a plus de représentant authentique qu'en Orient ». Son œuvre a marqué en profondeur la réception de l'ésotérisme en Occident.

Frithjof Schuon est né à Bâle (Suisse) le 18 juin 1907 de parents d'origine suisse-allemande et alsacienne. Il disparait le 5 mai 1998 aux États Unis. Philosophe et métaphysicien traditionaliste, il est l'auteur de nombreux essais sur la religion et la spiritualité. Inspiré par Platon et l'*Advaïta védanta*, il fut également marqué par la pensée de Maître Eckhart et par celle d'*Ibn Arabî* pour l'Islam soufi, ainsi que par les traditions spirituelles nord-amérindiennes.

Avec René Guénon et Anandâ Coomaraswamy, Frithjoh Schuon fait partie des principaux représentants de la philosophia perennis au 20ième siècle et partage leur critique du monde moderne. Il a rédigé la majeure partie de ses essais en français, consacrant ses dernières années à la composition de quelque trois mille poésies dans sa langue natale, l'allemand. Ses articles ont été rassemblés en une vingtaine de titres, traduits dans plusieurs langues.

Charles-André Gilis est un écrivain et traducteur belge, né à Louvain en 1934. Auteur de nombreux ouvrages, ses livres concernent les œuvres de René Guénon, de Michel Vâlsan, de métaphysiciens appartenant à la tradition islamique, principalement *Mohyddin Ibn Arabî*, ainsi que certains aspects du tantrisme. Son œuvre majeure réside dans son ouvrage sur le Pèlerinage islamique.

*

Prologue de l'auteur

« La Spirale des Cycles » relate la chute d'Adam et Ève avec ses conséquences : l'éloignement progressif de l'homme de son centre au cours des cycles. « La Spirale et l'Absolu » en revanche relate le retour aux sources ou au centre de l'homme par la médiation que constituent les pèlerinages.

Le pèlerinage est une réalité de tous les temps dans l'espoir d'un retour en grâce et accessoirement de guérisons. On le retrouve dans les traditions asiatiques et dans le monde entier.

La Loi Mosaïque instituée au Sinaï prévoyait l'obligation au Peuple d'Israël de rendre hommage à son Seigneur trois fois l'an à Jérusalem. Le Christianisme issu du Judaïsme avait conservé cette tradition. Mais la distance a finalement décidé les autorités ecclésiales à l'organiser localement. L'Islam, affilié à Abraham, a institué un pèlerinage obligatoire à réaliser par tout musulman, une fois dans sa vie. C'est dans l'action pérégrine de ces trois traditions monothéistes que nous concentrerons nos écrits.

Ces « voyages » sacrés reposent sur un même principe : la purification et la régénération de l'âme par l'union totale de l'être humain avec l'Être Suprême au cours d'un ressourcement, c'est-à-dire un recentrage de l'homme sur sa voie personnelle. Cette action dans le Christianisme s'opère généralement avec le recours à la Médiatrice de toutes les grâces, la Mère du Christ. Aussi l'eau, symbole de la substance originelle de l'homme, représente le support ou le mobile de la purification spirituelle, de la sainteté et même de la seule santé physique ou des guérisons du pèlerin. C'est vers les sites mariales que le catholicisme dirige généralement ses pénitents ou ses pèlerins, la Vierge Marie symbolisant l'eau.

Le dialogue de Jésus avec une femme samaritaine au puits de Jacob est significatif de la symbolique de l'eau. Jésus fatigué demande à cette femme l'eau de la désaltération. Au-delà des querelles entre Juifs et Samaritains, jésus promet à son tour à la Samaritaine l'eau, celle qui désaltère pour l'éternité.

Dans mon enfance villageoise au bord de l'eau, songeait-on à la majestueuse boucle de la Moselle, qui vue du ciel forme une sorte de presqu'île, semblable à celle évoquée par les sites alésiens? Ceux-ci à l'époque préceltique séparaient les lieux sacrés entre eux dans toute l'Europe. Entourés d'un cours d'eau, plus ou moins important, ils formaient parfois des presqu'îles très larges et possédaient une source minérale à leur pied et parfois un temple se dressait sur leur hauteur. Qui aura rapproché le culte des fontaines avec nos pèlerinages chrétiens lors de la grande fête archaïque de la Saint-Jean-Baptiste héritée du celtisme ? Au cours de cette manifestation, jadis, les femmes se tenaient près de la source située à mi-parcours de la montagne des eaux de la Moselle. A cet endroit devait passer la roue flamboyante et réaliser l'union axiale incroyable du feu et de l'eau.(1)

Le culte des sources est lié à la santé et par conséquent aux guérisons et à l'énergie qu'elle transmet. L'absence des femmes sur les hauteurs, au moment du lancement de la roue enflammée, renvoie à un principe métaphysique. La femme symbolise le pôle négatif de la manifestation de l'être, c'est-à-dire d'où jaillissent toutes les possibilités de la manifestation divine au contact du pôle positif que représente le feu de la Roue. Enfin, cela n'est pas sans rappeler le couple d'Apollon, le soleil guérisseur, et de Sirona, la déesse présentée avec un serpent thérapeutique.

Le pèlerinage chrétien semble avoir perdu de sa jeunesse et de son utilité. Bien entendu on aura remarqué les pèlerinages tapageurs de la Pentecôte entre Paris et Chartres qui affirment plus leur attachement aux formes qu'au fond. Lourdes semble avoir épuisé une longue série de miracles et sa source miraculeuse a

(1) Cette manifestation à lieu à Contz-les-Bains en Moselle à la Sain-Jean Baptiste. Voire «Le Culte des Fontaines et les Hospitalier de Saint Jean» édité par l'auteur».

tarie par excès de demandes de guérisons physiques. En se référant aux paroles de Saint Paul : « Seule la foi sans les œuvres donne la vie éternelle ! », l'Église Romaine place peu à peu le pèlerinage au second rang des actes de piété et il apparait accessoire, voir inutile !

Cependant le Christ a dit « *Je suis la Voie, la Vérité et la Vie.* » Jn14.6. « *En vérité, en vérité, je vous le dis, celui qui croit en moi à la vie éternelle* ». Jn 6.48. Toute voie est un chemin de foi, mais dans celui du Christ : le vrai pèlerinage comparable à une voie initiatique difficile.

Revenons à la Samaritaine. Jésus lui dit : « *Femme, croyez-moi, l'heure vient où ce ne sera ni sur cette montagne, ni dans Jérusalem, que vous adorerez le Père. Vous adorez ce que vous ne connaissez pas ; nous, nous adorons ce que nous connaissons, car le salut vient des Juifs. Mais l'heure approche, et elle est déjà venue, où les vrais adorateurs adoreront le Père en esprit et en vérité ; ce sont de tels adorateurs que le Père demande. Dieu est esprit, et ceux qui l'adorent doivent l'adorer en esprit et en vérité.* » Cela n'est pas sans évoquer l'authenticité du pèlerinage à la Mecque.

*

L'acte pèlerin reste pourtant vivace chez les hommes. Tourné vers d'autres horizons, il aime pérégriner de façon profane en toute liberté. Cela ressemble fort au nomadisme d'Abel ! C'est une forme d'errance que l'on accomplira de la façon la plus agréable. Mais c'est aussi le signe d'un mal être, comme toute errance ou divagation, qui nous évoque le malheur de Caïn. L'homme s'est décentré au point qu'il navigue sur les eaux sans boussole. L'homme occidental que peut-il attendre de l'eau dispensatrice de la santé et de la sainteté, quand la science lui promet des miracles !

*

Avant-propos

Notre vision chrétienne du pèlerinage est précisément catholique. Nous songeons aux pardons bretons, à Lourdes ou à la Salette etc., enfin à tous ces lieux où se sont produits des apparitions de la Vierge Marie et des miracles de toutes sortes par de nombreux saints personnages : guérisons, conversions ou encore de multiples petits miracles restés secrets dans le cœur des pèlerins. Le pèlerinage apparait lié à la demande d'une manifestation divine personnelle du pèlerin, alors qu'il s'agit avant tout de renouveler l'assurance d'une bonne mort. L'homme vit d'espoir qu'il soit croyant ou non. Cependant on note un certain nombre de miracles-guérisons sans explication médicale, reconnus par l'Église après procès par l'évêque du lieu. Il existe également, parallèlement à ces manifestations religieuses «officialisées», des pèlerinages «sauvages» non reconnus canoniquement.

Le croyant « préfère s'adresser à Dieu plutôt qu'à ses saints » pour obtenir la réalisation de l'objet de ses prières. Dieu est insaisissable, abstrait et lointain et la foi en Lui reste fragile. Dieu est partout à la fois, c'est le phénomène de l'ubiquité de la divinité. Alors le croyant va se déplacer vers les lieux où Dieu s'est manifesté soit directement comme jadis à Jérusalem ou soit par l'intermédiaire de ses saints ou de ses fidéicommis. La nature humaine a besoin de voir, de toucher, de sentir etc. pour se rassurer et pour affermir sa foi. Si Dieu est le créateur de toute chose, il est incréé et donc il ne peut pas figurer dans la création même. Nous avons tendance à l'oublier, et nous nous attachons à ce que nous considérons « relique » ou objet de dévotion, qui ne représentent que des supports de prière telle une vierge en plâtre achetée lors d'un pèlerinage. Un centre de pèlerinage représente pour le pèlerin un lieu privilégié pour « rencontrer » Dieu. Mais est-ce bien cela ? N'est-ce pas oublier le chemin du pèlerinage qui forme en fait l'épreuve nécessaire pour obtenir les mérites? Qui se rendra à pied à Lourdes de nos jours? Prenons Noël. C'est une date attendue. En cela la période de l'Avent est un chemin de quatre Dimanches avant Noël. Se rendre à l'invitation des cloches à l'Église est une sorte de chemin de pèlerinage bordé de tentations qui risquent de faire échec à ce qui est attendu.

Il existe bel et bien des lieux particulièrement propices aux apparitions et aux miracles. La géographie sacrée existe et celle-ci fournit quelques endroits particulièrement propices aux grâces divines. En effets certains lieux exercent une influence particulière voir puissante. Or ces influences sont-elles toutes bénéfiques ? Pour ne citer que certains lieux, nous connaissons Jérusalem, la Mecque etc., qui sont en effet des centres spirituels reconnus. S'il existe une géographie du sacré, il existe bien entendu une géographie maléfique ; toute chose sur cette terre offre son ombre.

Nous avons en mémoire l'échelle de Jacob qui fit un songe ; il vit des anges monter et descendre une échelle. Il consacra une pierre et nomma le lieu Béthel. Genèse 28.6-22 :

> « Jacob s'éveilla et s'écria: Assurément, l'Éternel est en ce lieu, et moi je l'ignorais! Il fut saisi de crainte et ajouta: Ce lieu est redoutable! Ce ne peut être que le sanctuaire de Dieu. C'est ici la porte du ciel. Le lendemain, de grand matin, il prit la pierre sur laquelle avait reposé sa tête, il la dressa en stèle et répandit de l'huile sur son sommet. Il appela cet endroit Béthel (Maison de Dieu). Auparavant la localité s'appelait Luz. Puis il fit le vœu suivant: Si Dieu est avec moi, s'il me protège au cours du voyage que je suis en train de faire, s'il me fournit de quoi manger et me vêtir, et si je reviens sain et sauf chez mon père, alors l'Éternel sera mon Dieu. Cette pierre que j'ai dressée comme stèle deviendra un sanctuaire de Dieu et je t'offrirai le dixième de tous les biens que tu m'accorderas. »

Si Jacob met des conditions à son vœu, c'est justement pour s'assurer contre tout risque d'une influence maléfique.

Nous venons de voir l'exemple le plus frappant d'un lieu d'influence céleste. Nous constatons également qu'il s'installe entre le pèlerin et Dieu un véritable commerce. Et ce commerce est bien la base ou toute l'économie d'une relation entre l'homme et Dieu. Or il faut bien reconnaître que le commerce de nos pèlerinages modernes est pour beaucoup de pèlerins « une transaction », si on ose dire, et repose essentiellement sur des demandes matérielles. La Genèse nous offre l'exemple de Caïn dont le secret espoir était d'être reconnu pour son sacrifice pourtant composé de sa production céréalière, agréable à Dieu. Malgré cela son sacrifice ne fut pas agréé.

Plus près de nous, en France, l'exemple de la grotte de Massabielle à Lourdes est significatif pour les apparitions de la Vierge Marie à une jeune fille. Lourdes à cet endroit apparaît comme un lieu d'une influence bénéfique sans conteste depuis le 19ième siècle, en fait depuis toujours.

Les Pyrénées sont des montagnes très particulières voir uniques dans le monde pour leurs structures. Comme toute montagne, elles prennent racines profondément. Généralement le rapport entre les racines et la partie « émergée » de la montagne est d'un pour trois. Or ce rapport pour les Pyrénées est d'un pour dix-sept, ce qui est énorme. Le point culminant de cette chaîne franco-espagnole est de quatre mille trois cents mètres, ce qui signifie qu'elle plonge ses racines à plus de soixante-treize kilomètres. Nous connaissons les influences telluriques venues des profondeurs de la terre, généralement bénéfiques quand le réseau magnétique n'est pas rompu par des travaux publics de grande envergure. Comment se produisent les miracles à Lourdes dans ces conditions ?

C'est grâce à l'eau que ces miracles se réalisent et donc par l'immersion du pèlerin dans celle-ci. Avons-nous songé que cette eau qui jaillit dans la grotte de Massabielle à traversé un long chemin difficile, tortueux et accidenté dans les roches des profondeurs dont on n'imagine pas leur teneur en minéraux de toute sorte. Il s'agit bien du miracle de l'eau. Ces sources sont des torrents particuliers aux Pyrénées, notamment entre Pau et Tarbes.

D'ailleurs le nombre de stations thermales pyrénéennes est fabuleux. Enfin nous connaissons tous les bienfaits des eaux minérales.

Il n'est pas question de désacraliser un site religieux ou de démystifier un haut lieu de pèlerinage de la chrétienté qui attire régulièrement des croyants venus du monde entier demander des grâces de toute sorte. Les nombreux miracles reconnus par l'Église Romaine sont infimes au regard de tous les miracles non reconnus mais réels ou encore au regard de la multitude des petits miracles qui se sont réalisés et restés dans le secret des cœurs de beaucoup de pèlerins, disions-nous. Or, sans la foi le miracle ne s'opère pas. La réalisation du prodige est dépendante de l'adhésion pleine et entière du croyant à Dieu.

Les sources des montagnes pyrénéennes se nomment des « gaves, » ce mot vient du gascon « *gabe* » ou encore « *gabaru* ». C'est dans ces endroits, généralement une grotte, d'où jaillissait l'eau des profondeurs de la montagne, qu'apparaissaient déjà les fées de l'antiquité que l'on dit « païennes », les fameuses dames blanches, nommées *Banshee* en irlandais, éclatantes de lumière dispensatrices de bienfaits ou de miracles. C'est dans une de ces grottes nommée Massabielle à Lourdes, que Bernadette Soubirous déclare à l'évêque du lieu avoir vu une « belle dame », et comme on la croit volontiers !

Lourdes est devenu un pèlerinage mondial, le pèlerin s'il était atteint d'une maladie demandait à être plongé dans un bain d'eau de cette source. Hélas, il semble que cette source soit épuisée. Signe des Temps ? Il n'entre pas dans nos intentions de nous heurter aux croyances chrétiennes dans le cas présent loin de là, car finalement chacun s'adresse à Dieu selon sa foi et par les supports de prière qu'il choisit.

Nous le répétons, notre vision du pèlerinage est chrétienne. D'autres pèlerinages non chrétiens existent dans le monde sous diverses formes. Hormis les trois religions monothéistes, le Christianisme, le Judaïsme et l'Islam, la forme ou la conception de la divinité diffère. Ne rejetons pas d'emblée le polythéisme qui s'oppose au monothéisme. Il faut bien comprendre que Dieu peut se manifester sous des aspects différents, j'allais dire selon la multiplicité des possibilités divines, comme ce fut le cas dans le druidisme, la religion grecque antique ou encore romaine, mais finalement il n'y a qu'un seul Dieu : l'Absolu.

Attribuer aux saints chrétiens une place équivalente à ces dieux serait un amalgame regrettable. En revanche il faut bien reconnaître que certaines pratiques de pèlerins chrétiens se placent à la limite de l'idolâtrie.

L'homme selon la Genèse est fait d'eau et de limon. L'eau représente l'élément le plus important, il est symbole de vie mais aussi de la Substance, qui représente l'infinie possibilité divine : l'Absolu.

Enfin de quoi s'agit-il ? Il s'agit de son âme pardi et de la vie éternelle ! Le pèlerinage est le véritable ressourcement, c'est une marche vers l'eau ou si l'on préfère la marche vers une de ces cathédrales dédiées à la Vierge Marie. Son rôle étant « médiatrice », c'est-à-dire qu'elle remet le chrétien au centre de l'influence céleste ou de l'absolu ou si l'on préfère encore le retour au centre du Paradis Terrestre. Aussi, un pèlerinage comporte des risques au cours du voyage, celui d'être retardé, détourné ou d'abandonner et enfin le danger final sera les tentations des magasins ou des marchands ambulants ou encore l'attirance d'autres lumières.

Ce principe énoncé est le même dans toutes les traditions.

*

Chapitre premier
Pèlerinages

1
Le pèlerinage et son intention

Pèlerin vient du latin *peregrinum* et signifie à la fois voyageur et étranger. Le but de son voyage était d'atteindre le ciel, entendons la sainteté en se rendant d'un point à un autre, soit directement ou soit par diverses étapes de sanctification. La sainteté c'est bien entendu le retour à l'état d'avant la chute du Paradis Terrestre : l'état primordial.

Pour atteindre cet état, il existe plusieurs voies possibles. Pour admettre ces possibilités, relisons l'Évangile selon saint Marc 3. 16-17. Après être monté sur la Montagne avec ses disciples, Jésus établit les Douze :

À Simon, Il imposa le nom de Pierre (Képhas).
Puis à Jacques, fils de Zébédée, et de Jean frère de Jacques, il imposa le nom de Boanergès, c'est-à-dire « Fils du tonnerre ».

Les Évangiles restent muets quant à l'interprétation de ces appellations mystérieuses. Il faut alors nous référer à des définitions plus anciennes de l'antiquité en ce qui concerne la locution «Fils du tonnerre».

Nous connaissons Taranis le dieu de la mythologie celtique ou druidique. On retrouve leurs analogues dans les mythologies nordiques par Thor, étrusque par Turan et gréco-romaine par Zeus. Ces dieux sont rapprochés au feu du ciel ou à la foudre. Taranis est représenté tenant la pierre de foudre et la roue cosmique. Il donne la vie d'un côté et la mort de l'autre. Il fait la pluie et le feu de l'orage. La roue symbolise encore le déroulement des cycles universels.

Selon les philosophes de l'antiquité, pour les initiés il y aurait deux chemins ou deux voies menant à la délivrance du cycle ou à la sortie de l'emprise du spatio-temporel.

- Soit par la métaphysique de l'ordre cosmologique, l'hermétisme. Cette voie reviendrait à Jean l'apôtre. Il s'agit bien entendu de voies initiatiques, qui n'étaient pas l'apanage de la franc-maçonnerie chrétienne, mais qui furent celles de sectes juives, par exemple « essénienne » dont Jean était issu.
- Soit par les sciences traditionnelles, la connaissance des petits mystères qu'offre la loi du « Devenir » en parcourant la « Roue » des choses, (le cycle), le centre de la roue, symbolisant l'origine de toute chose, le centre immobile, le point fixe à savoir l'état primordial, ceci revenant à Jacques, le saint patron des alchimistes.

En ce qui concerne Simon l'apôtre, nommé par jésus « pierre » », cette « pierre » n'est pas celle des alchimistes, c'est une pierre sèche. En effet promis à Rome, Pierre, devait enseigner non pas la voie directe, ésotérique, mais le chemin long tel un cheminement de la roue, exotérique, comme Jésus le proposait au jeune homme riche par l'observation des commandements de la Torah : Matthieu 19.18.

«Que si tu veux entrer dans la vie, observe les commandements. »

Le jeune homme riche observait, selon ses dires, totalement les commandements de Dieu. Mais le divin maître lisait dans le cœur de ses interlocuteurs et n'avait pas envisagé la voie directe pour ce jeune homme, mais Il comprit qu'il souhaitait plus, c'est-à-dire ce que Jésus nommait la « perfection ». Jésus lui proposa alors la voie directe, qu'il proposait parfois quand il s'exprimait ainsi :

« Si tu veux être « parfait », va, vends ce que tu possèdes, donne-le aux pauvres, et tu auras un trésor dans les cieux ; puis, viens et suis-moi. Matth. 19. 16-22.

Mais le jeune homme préféra rester attaché à ses richesses terrestres. Jésus faisait allusion à cette voie directe quand il clamait :

« Celui qui croit en moi à la vie éternelle. » ou encore : « viens et suis-moi. »

Ces dernières paroles furent reprises sous une autre forme par Saint Paul plus tard, quand il professa que la foi, même « sans les œuvres » suffisait à gagner son ciel. Ce qui au regard de la tradition juive en général en ces temps était révolutionnaire.

En effet le Christianisme débutant fut un christianisme judéo-chrétien et allait se transformer dans l'empire romain en christianisme pagano-chrétien, au vu des circonstances politiques et sociologiques dans le bassin méditerranéen au moment de sa reconnaissance par l'Empereur Constantin. Celui-ci opta pour un enseignement ouvert, exotérique, enfin accessible à tous. Toutefois, contrairement à notre époque l'Église ne s'opposait pas, loin de là, à un enseignement plus secret (ésotérique) à l'origine des loges maçonniques dans leur art royal, celui prôné par les adeptes des loges Johannites, héritage essénien qui allait produire ultérieurement « l'art royal » des constructeurs notamment. Nos cathédrales témoignent de ces messages dévotionnels par ses nombreux symboles que l'on dit ésotériques.

Revenons à Saint-Paul, l'apôtre n'ayant pas connu Jésus. Il se chargea de la conversion des populations helléniques au christianisme. Cet enseignement à ses débuts reposait sur les prescriptions de la Torah, les chrétiens, qui ne se nommaient pas encore ainsi, se reconnaissaient Judéo-Chrétiens comme nous le soulignons plus haut.

Devant les grandes difficultés que représentait notamment la circoncision chez les Grecs, mais cela n'était pas l'essentiel, Paul obtint de l'apôtre Jacques le Juste, ou dit Jacque le Mineur (par opposition à Jacques le Majeur), alors évêque de Jérusalem et finalement de toute la chrétienté naissante avec Pierre de Rome, l'autorisation, bien malgré ce dernier, d'abolir les pratiques juives pour le grand bien de la mission paulienne. Or l'enseignement de Paul adopté in fine par toute la Grande Église de Rome, allait à terme aboutir à un exotérisme de l'Église et à l'abandon de pratiques juives et finalement à la rupture définitive entre le judaïsme et le christianisme à la fin du troisième siècle. Ceci explique pourquoi Saint Paul prône la foi sans les œuvres : « *Celui qui croit en Lui a la Vie Éternelle* » et c'est pourquoi l'Église défend l'exotérisme. Frithjof Schuon résume cet aspect ainsi :

> *Le christianisme a transposé la Loi des prescriptions sur le plan intérieur, et avec elles la messianité elle-même, d'où le mal entendu fondamental entre les religions juive et chrétienne ; le Christianisme naissant s'est opposé au Judaïsme légaliste et formaliste, non à l'Essénisme toutefois, comme l' « esprit » s'oppose à la « lettre », éventuellement et sous un certain rapport, ou comme l'essence peut s'opposer à la forme. Brisant le cadre formel du Mosaïsme au nom de l'essence, ce message a fait fonction d'ésotérisme, mais ce fut un ésotérisme d'amour, susceptible de devenir à son tour un exotérisme de fait, sans devoir ni pouvoir perdre pour autant ses virtualités ésotériques, y compris celles de la gnose.* Dans logique et Transcendance chez Sulliver 2008.

Ainsi, les pratiques du pèlerinage « moderne » catholique, ne s'alignent plus sur les préceptes traditionnels ésotériques, mais exotériques. Cependant, comme l'exprime Frithjof Schuon, nous le soulignons : « *un exotérisme de fait, **sans devoir ni pouvoir perdre pour autant ses virtualités ésotériques,** y compris celles de la gnose.* » Et c'est toute l'ambiguïté de l'enseignement catholique jusqu'au Concile Vatican II.

Si on ne se rend plus en pèlerinage à Jérusalem, on s'y rend à Chartres et pour le pèlerin qui le veut, il est possible d'effectuer un parcours à genoux sur le labyrinthe géant dans la cathédrale qui vaut, depuis la fin du moyen-âge, voyage de pèlerinage à Jérusalem.

Il faut bien reconnaître que depuis la « remise en valeur » du culte de la Vierge par Saint-Bernard, le rédacteur des statuts des templiers ou de l'ordre de Saint-Jean, le chrétien trouvera de l'aide pour retrouver le chemin qui mène à l'état primordial grâce à l'action de la Vierge Marie médiatrice. En effet sur l'échelle des états multiples de l'être, l'homme retrouve son centre, c'est-à-dire celui de la première marche de cette échelle le menant vers son salut. Salut, c'est-à-dire le retour au Paradis Terrestre, alors que la voie directe mène à la vision de Dieu, ce qu'Adam et Ève n'avaient pas encore obtenu au moment de leur chute.

Ainsi les nombreux centres de pèlerinage chrétiens-catholiques sont-ils voués à la Vierge-Marie : Notre Dame de Chartres, Notre Dame du Puy etc. et plus proche de nos temps Notre Dame de Lourdes, Notre Dame de Fatima, Notre Dame de la Salette etc. Il ne faut pas oublier ou mésestimer les très nombreux lieux de pèlerinage dédiés à la Vierge ou encore à d'autres saints, et ils sont pluriels, dans nombre de paroisse ou de lieux isolés. Lourdes et Fatima attirent les pèlerins par les miracles ou simplement par les éclatantes apparitions de la Vierge, qui s'y produisirent accompagnés parfois de prodiges comme à Fatima. Aussi, est-il regrettable d'établir une sorte d'échelle de valeur des pèlerinages selon leur efficacité ou leurs résultats. C'est le fruit d'une vision économique du pèlerinage. Tous les pèlerinages se valent. Le but du pèlerinage consiste à atteindre un lieux-saint dans un état de sainteté gagné au cours d'un chemin d'épreuves comme le veut le véritable pèlerinage. La vie avec ses grandes épreuves, qui se révèlent parfois, est le grand pèlerinage qu'il ne faut pas manquer. Cependant selon les moyens de chacun, tout déplacement doit s'accompagner du voyage intérieur indispensable. Et le propos de Saint-Paul relatif à la « foi du charbonnier » est utile.

*

2
Errance, nomadisme et analogies

Alors que Marie était enceinte et que la naissance de son fils était proche, un édit de César Auguste commanda un recensement de la population «de toute la terre». Joseph et Marie étant de la Maison de David se rendirent à Bethléem pour accomplir cette formalité. Ainsi Jésus accomplissait le jour même de sa naissance son recensement qui allait confirmer les prophéties :

> « *Et Toi Bethléem, terre de Juda, tu n'es pas la moindre parmi les principales villes de Juda, car de toi sortira un chef qui paîtra Israël mon peuple.* » Matthieu 2. 6

Ce retour aux sources de la Sainte Famille peut être comparé avec le principe du pèlerinage. Il s'agit d'un retour aux sources. Bien entendu, ce n'est qu'une simple analogie, ce voyage étant essentiellement profane.

*

Le nomadisme

Le nomade fut certainement le premier état de l'homme dès sa sortie du Paradis Terrestre, par opposition à la condition statique de sédentarisme qui se développa ultérieurement. Caïn symbolise le sédentaire. Il s'était attaché à la terre qu'il cultivait en propriétaire, alors qu'Abel, le second fils d'Adam et Ève, nomade, vivait de cueillettes des produits de la terre.

Le nomade pérégrine en quelque sorte. Allant d'un endroit à un autre en fonction des saisons, de ses besoins alimentaires et des impératifs qu'exige le bétail. Son voyage permanent lui procure la connaissance des choses de la terre et du ciel qu'il contemple en permanence. Ne s'attachant à nul endroit, rejetant tout état de fixité, il s'interdit l'art pictural et tout ce qui l'attacherait. Ainsi c'est vers les arts musicaux qu'il livrera le temps de ses loisirs ou lors de ses prières à Dieu. Les sons d'ordre cosmique et leur mélodie constituent l'art idéal de la religion. Une procession représente une analogie du nomadisme pour son retour à son point de départ. Au cours de cette manifestation religieuse les participants chantent et souvent se parent de végétation ou de fleurs, comme c'est le cas pour la procession de la Fête-Dieu.

Le nomadisme, en ce qu'il était, représentait une sorte de renoncement des biens, car c'est l'attachement à ceux-ci et non leur possession qui crée le vice de la richesse. (1) Ainsi le véritable pèlerin se devait de voyager simplement sans équipement superflu, de se contenter de ce que la nature lui offrait ou encore de faire acte de modération alimentaire dans ses nombreuses haltes.

L'errance

Si le nomade semble se déplacer sans but, ce n'est qu'apparence. Il existe une part de malheur dans l'errance. Caïn le sédentaire frappa mortellement son frère Abel qu'il jalousait, son sacrifice n'ayant pas été agréé. Pris de remord il tomba dans l'errance des malheureux, ne sachant où aller, errant à la manière d'apatrides rejetés de pays en pays.

Une autre forme d'errance fut celle du peuple Hébreu en quête de la terre promise. Leurs querelles internes et leurs doutes firent qu'ils perdirent par moment confiance en Dieu. Ils errèrent dans le désert durant quarante années avant de découvrir cette terre que Dieu leur avait promise. Le peuple d'Israël connu

(1) Frithjoh Schuon dans Logique et Transcendance – Sulliver

d'autres dispersions et déportations notamment après la chute du Temple de Jérusalem.

Le phénomène de la pérégrination de nos jours se manifeste peu. Il reste aux pays occidentaux encore quelques pratiques de voyage d'étude pour jeunes gens. Au cours de ces périples de découverte de l'Europe, Rome restait l'étape à ne pas manquer. Le fameux Tour de France pourrait être assimilé à ce genre d'exploration etc. Mais cela n'est que parodie. De nos jours un phénomène analogue au nomadisme saisonnier se manifeste en Été par un déplacement de masse de vacanciers. Par ailleurs de plus en plus de caravanes ou de camping-cars se croisent sur les routes en toute saison dans un but essentiellement touristique. Enfin tous ces phénomènes sont le signe des traditions perdues qui trouvent leur place dans la rubrique du folklore.

Dans nos sociétés modernes le nomade est en quelque sorte encouragé à disparaître d'une part par l'effet dévoreur de la sédentarisation. D'une manière générale il n'est pas le bienvenu quand il souhaite camper. Quant au nomadisme encore réellement vivace dans le monde, il tend à disparaître après avoir été combattu au cours de l'histoire. Les états modernes sont poursuivis par l'obsession du contrôle intégral des individus.

Les forains

Ce monde de nomades se présente au moment des grandes fêtes religieuses. Il s'installe alors dans les centres-villes pour produire à cette occasion quelques distractions dites « foraines » : manèges, cirques, ventes ambulantes etc. Les forains sont les héritiers des marchands ambulants qui accompagnaient les pèlerins à leur station finale. Autour des lieux sacrés, une véritable petite ville de campements prenait naissance par une population de colporteurs, d'artistes ambulants de théâtre, de mendiants etc. À l'origine certaines représentations théâtrales possédaient un caractère religieux et c'était aussi le moment pour le pèlerin de faire la charité. D'ailleurs entre ces mondes parallèles s'établissait une véritable solidarité.

Les mœurs évoluèrent. Les kermesses installées autour des lieux de pèlerinage devinrent de véritables endroits de perdition pour qui les fréquentait. Au 19ᵉ siècle certains abus conduisirent des évêques à prendre des mesures sanitaires et à supprimer tel ou tel pèlerinage ou encore à les déplacer. L'argent s'étant installé dans l'organisation de l'accueil du pèlerin, certains lieux de pèlerinage devinrent de véritables lieux de négoce.

*

Finalement un pèlerinage est une circumambulation, car tout pèlerinage comporte un retour, moins glorieux, alors qu'il devrait être joyeux. Dans notre monde, toute chose présente son ombre. La fête profane en est l'exemple, installée à proximité des lieux de dévotion où le pèlerin peut tout perdre et se perdre. En cela le pèlerinage symbolise le cycle ou si l'on préfère le Serpent enroulé autour de l'arbre du Paradis. Et cette ombre représente le prix du salut si on la combat victorieusement. Le mal aurait-il son utilité ? Avant d'entrer dans un lieu saint, une église par exemple, il fallait traverser un cimetière ou passer le portail sur lequel apparaissaient au fronton des reptiles ou animaux peu accueillants et cela pour rappeler au pèlerin qu'il convient de se purifier avant d'entrer dans la lumière.

Enfin, un vieil usage lors de la vigile du Jour des morts consistait pour le pénitent à pratiquer un rite circumambulatoire composé de neuf « voyages » à partir du narthex de l'église jusqu'au cimetière proche. Chaque station ou chaque passage faisait l'objet d'une prière pour les morts ou pour celle du pratiquant. Le chiffre neuf représente la totalité renouvelée. En cela cet usage tombé en désuétude depuis la réforme liturgique de 1962 rappelle sans conteste le *samsarâ* hindouiste ou tibétain au cours duquel les âmes naissent et renaissent jusqu'à la délivrance finale. Enfin les zones blanches et noires du plateau du jeu d'échec représentent les différentes étapes de cette « pérégrination » des âmes.

*

Avant de poursuivre notre lecture, il est utile de revenir sur les objectifs fondamentaux du pèlerinage, qui, si on ose l'affirmer, se conçoivent dès l'expulsion d'Adam et Ève du Paradis Terrestre : réintégrer l'Eden. Pour cela nous vous proposons une approche plus symbolique de la création du premier couple humain et de leur plongée, ainsi que celle de leur descendance, dans le cycle du spatio-temporel.

*

3
Substance et Multiplicité

Dieu créa Adam avec l'argile du potier, c'est-à-dire avec de la terre et de l'eau qu'Il pétrit. Puis, Il lui insuffla son esprit par les narines (les voies de l'air). La tradition islamique rapporte que Dieu commanda aux anges de s'incliner devant Adam qu'il venait de créer. Ils se prosternèrent à l'exception d'Iblis, une créature analogue aux anges. Ce dernier à l'étonnement de Dieu lui répondit par la remarque « *Qu'a-t-il de plus ?* ». (Coran verset 50, Sourate de la Caverne). La désobéissance d'Iblis s'explique par son ignorance. En effet il ignorait l'excellence d'Adam composé en majeure partie de l'élément phénoménal de l'eau. L'eau en effet symbolise l'élément qui donne la vie, alors que les autres créatures telles que les anges, c'est l'élément feu qui est majoritaire dans leur conception. L'eau représente la « Substance », c'est-à-dire les infinies possibilités de Dieu.

*

Le principe de la manifestation universelle repose sur l'action d'un principe actif, l'Essence et d'un principe passif, la Substance. La matière prend alors forme au moment de la manifestation et se nomme alors « accident » ou encore les « effets de la manifestation ».

Dans le schéma *a* le verbe créateur (l'essence) reste invariable alors que la substance transcendée par ce dernier devient forme. Avec le temps et la distance elle se diffuse jusqu'à « épuisement ». L'accident se développe à la façon d'une spirale, à

Principe universel

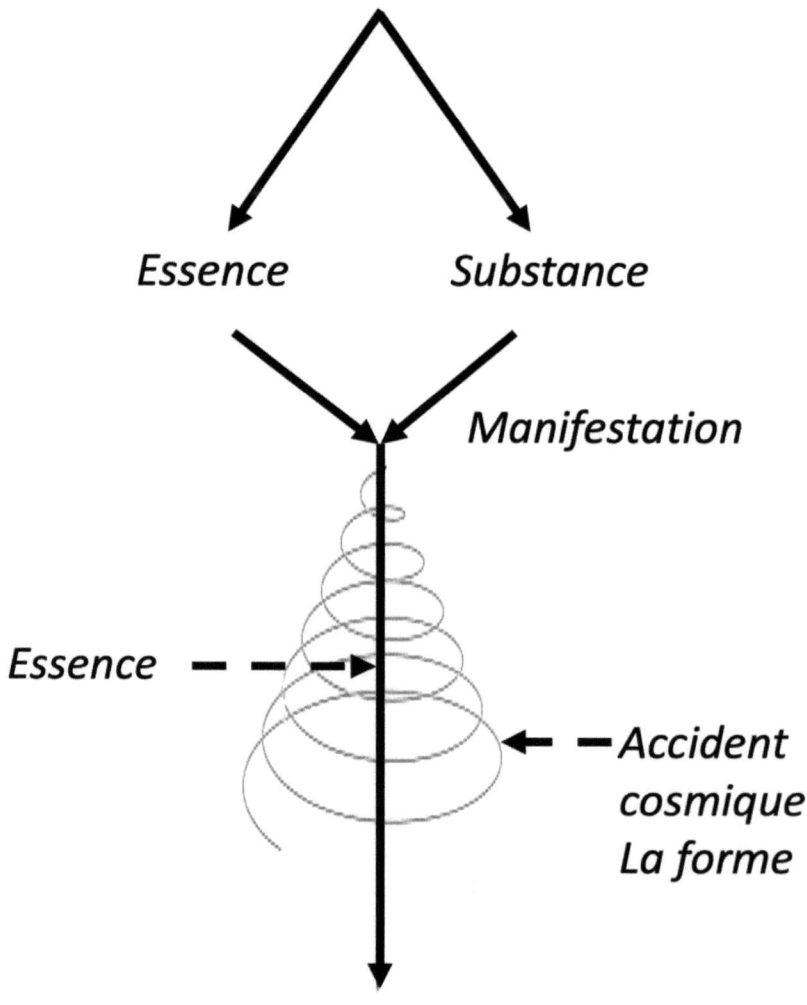

l'image des ondes que provoque une pierre tombée à l'eau. Les ondes produites par le choc s'éloignent progressivement du centre originel pour mourir finalement.

Ceci n'est qu'un schéma ou un symbole qui permet d'entrevoir l'œuvre divine ou encore le rapport entre le Ciel et la Terre. Ce qui nous intéresse ici c'est le rapport qui s'établit entre la substance et l'accident au cours de la manifestation.

A l'origine, au point central de la spirale des cycles, l'accident et l'essence coïncident totalement avant de se dissocier et de s'éloigner du centre ou du milieu, l'essence. Le point central représente le centre originel où règne (règnait) la perfection entre le Dieu et les hommes (ses créatures) ou si l'on préfère leur union. La substance représente l'inaltérable symbolisée par l'eau.

Dans le schéma *b* la partie horizontale ou médiane du croquis représente l'échelle de l'éloignement de l'homme de l'invariable milieu. Il nécessite un recentrage par le retour de l'homme au centre. L'axe central du croquis représente l'échelle des états supérieurs. L'intersection de l'axe central et de l'axe médian représente la situation qui revient à l'homme par rapport aux états supérieurs qu'il doit « reconquérir ». A cet endroit l'homme retrouve les marches de l'échelle qui devrait le mener vers son centre originel en reprenant sa progression vers les états supérieurs.

Le pèlerinage trouve son utilité par le recadrement de l'homme sur la ligne médiane par l'intercession de la Vierge Marie la « médiatrice ». La Vierge Marie symbolise la matière première « la *Materia Prima* » la Substance. Ainsi c'est par le rite de la purification de l'homme où par l'eau que l'homme reprend toute sa part active dans sa progression. La Vierge Marie est souvent représentée par l'image d'une Dame qui écrase le serpent, ici symbolisé par la spirale de l'accident ou des cycles du temps. Cette scène fut annoncée au Serpent dans la genèse : 4. 15 :

> « *Je mettrai une inimitié entre toi et la femme, entre ta postérité et sa postérité ; celle-ci te meurtrira à la tête, et tu la meurtriras au talon.* »

Principe universel coupe verticale et horizontale

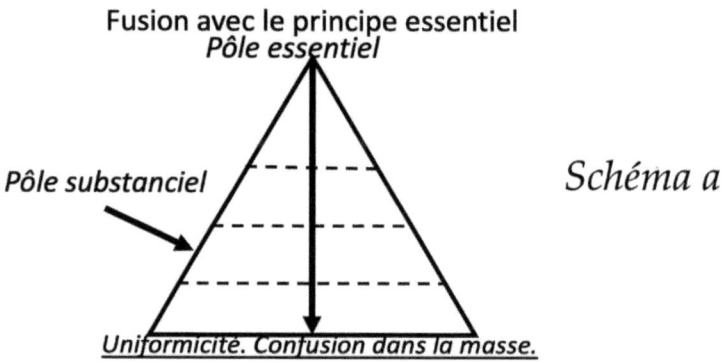

Fusion avec le principe essentiel
Pôle essentiel

Pôle substanciel

Schéma a

Uniformicité. Confusion dans la masse.

Fin de l'époque actuelle, nivellement par le bas, système égalitaire où la quantité prédominera, distinction sans différence. (Voir les quatre cycles principaux : les Yugas.)

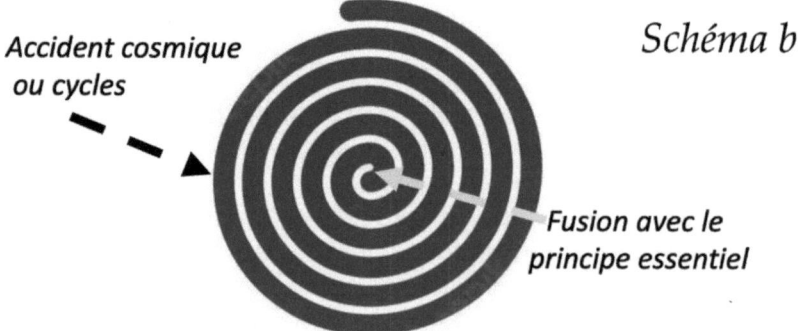

Accident cosmique ou cycles

Schéma b

Fusion avec le principe essentiel

Le grand dilemme auquel l'homme est confronté c'est le rapport qu'il tient entre l'absolu et le contingent, entendons l'accident ou les choses matérielles de la vie quotidienne. Ou si l'on préfère encore le rapport entre le temps compressif et l'espace expansif. Le temps est représenté par Caïn le sédentaire victime de la compression due à sa fixité dans le temps. Quant à Abel il représente l'espace expansif, la spirale des cycles sur laquelle il chemine. Or le meurtre d'Abel par Caïn peut être symbolisé ainsi. L'harmonie entre le temps et l'espace, l'antinomie a été brisée par ce crime et depuis « temps et espace » s'opposent.

Il s'agit dans cette démonstration que de symboles qui nous permettent d'approcher un des mystères de la manifestation divine. Pour résumer : pour retrouver l'état primordial, que les hommes recherchent depuis la chute d'Adam et d'Ève deux solutions s'offrent à eux.

En premier, le pèlerinage vers la Vierge Médiatrice permet de retrouver le centre ou l'axe. Le baptême chrétien sauve l'homme du péché originel et cela ne l'exonère pas du combat qu'il doit mener pour se maintenir au milieu le plus proche de l'absolu, position «essentielle» pour retrouver l'état primordial que garantit le sacrement du baptême, qui représente un rite de purification par l'eau. L'état primordial dans lequel se trouvait le premier couple humain avant sa chute, ne représentait pas la totalité des états supérieurs que Dieu devait leur concéder.

Le retour à l'état édénique ramènera l'homme à l'état d'avant la chute, en retrouvant l'Amitié avec Dieu et donc la grâce totale. Dieu avait créé l'homme au Paradis Terrestre et par conséquent il n'était pas encore au Ciel. Mais cet état, le Paradis Terrestre, ne représente pas la délivrance intégrale de l'homme. En effet Dieu en créant l'homme ne lui avait pas encore accordé les dons de la Nature Pure et de la Nature Intègre. Ceux-ci représentent en effet les états supérieurs, comparables aux états angéliques selon la définition théologique. Sources : Le catéchisme de Monsieur l'abbé Laguérie (IBP).

*

La multiplicité
Les états multiples de l'homme

Schéma *c*

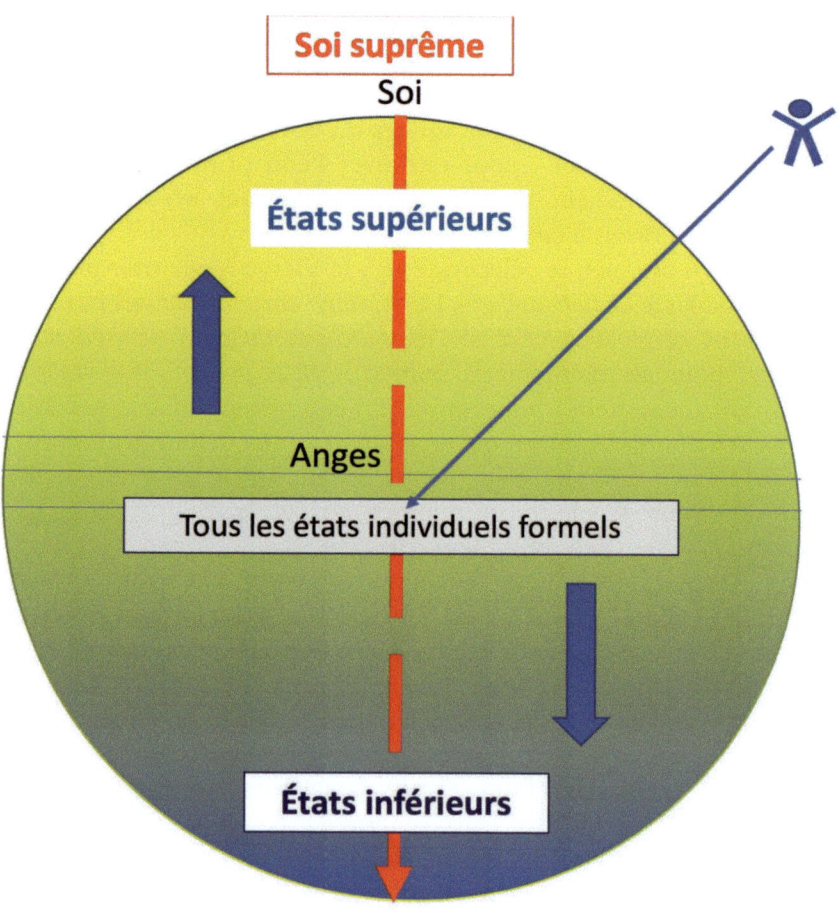

« *Le baptême confère la virtualité de l'état primordial, donc
édénique, puisqu'il lave du péché originel qui est précisément ce qui
sépare l'homme de cet état, le complément de ce rite sera la
confirmation qui, elle, confère la virtualité de l'état christique, donc
suprême : elle donne en effet une plénitude du Saint-Esprit et rend
ferme (firmus) pour la traversée du monde de la mort en vue de la
Vie Éternelle, qui est le « Salut », au sens total du terme aussi bien
qu'au sens cosmique et relatif. La Confirmation n'est pas
strictement indispensable, et c'est là encore un indice du fait que ces
deux moyens de grâce se réfèrent directement aux Grands Mystères.
On pourrait définir la différence entre le Baptême et la
Confirmation, en disant que le Premier enlève l'état de chute, tandis
que le second sacrement a une fonction purement positive en ce sens
qu'il donne une lumière et une puissance divine.* » Frithjof Schuon
Mystères christiques – Études Traditionnelles - 1948

En second, « *L'initiation consiste essentiellement dans la
transmission d'une certaine influence spirituelle et que cette
transmission ne peut-être opérée que par le moyen d'un rite, qui est
précisément celui par lequel s'effectue le rattachement à une
organisation ayant avant tout pour fonction de conserver et de
communiquer l'influence dont il s'agit.* » René Guénon –
Initiation et Réalisation spirituelle – Editions
Traditionnelles.

L'*initium* (initiatique) comparable au degré de l'initiation
chrétienne du baptême est le commencement d'un chemin
initiatique et représente l'initiation virtuelle, alors que la
confirmation est celle de l'initiation effective. Le premier objectif
de l'initiation est de restaurer chez l'impétrant des possibilités de
développement de l'état primordial. Entre les deux initiations et
comme entre les deux sacrements chrétiens du Baptême et de
Confirmation, commence un « travail » de la connaissance.
(Schéma *c*)
L'impétrant est un néophyte, ce qui signifie la nouvelle
plante semée et qui doit germer par le travail de la terre. Il faut se

rappeler des paroles de Dieu chassant du Paradis Terrestre Adam et Eve : « *Tu travailleras à la sueur de ton front !* »

Il n'y a aucune magie que ce soit dans les sacrements chrétiens ou dans les sacrements initiatiques. Les rites n'influent en rien le psychisme, et si cela est le cas il ne s'agit que d'émotions ou de sentiments. L'objectif est de délivrer l'homme.

La voie directe, que ne propose pas l'Église Romaine, exclusivement ésotérique dans ses actions. La voie directe c'est la voie initiatique, c'est un chemin court, extrêmement difficile où la chute en cours d'ascension est fatale.

*

4
Le pèlerinage ancien de Jérusalem

Le pèlerinage juif d'origine n'est plus pratiqué sous la forme présente depuis la destruction du temple par l'empereur Titus en l'an 70 de notre ère. En fait il y avait trois obligations de se rendre à Jérusalem selon la loi juive : *Pessah* (Pâques), la libération d'Égypte, *Chavouot*, fête de la Moisson et *Soukkot*, fête des Cabannes.

> « *Trois fois par année, tout mâle d'entre vous se présentera devant Yahweh, votre Dieu, dans le lieu qu'il aura choisi: à la Fête des Azymes, à la Fête des Semaines et à la Fête des Tabernacles; Il ne paraîtra pas devant Yahweh les mains vides. Chacun fera ses offrandes, selon ce qu'il peut donner, selon les bénédictions que Yahweh, ton Dieu, lui aura accordées.*» Deutéronome 16. 16-17.

De nos jours, le pèlerinage vers Jérusalem est effectué par les Chrétiens, Juifs et Musulmans, mais sa forme a naturellement bien changé.

*

Jérusalem, la ville sainte, signifie en Hébreux « Ville de la Paix ». Elle se décompose en *Jer* et *Salem*, la paix. *Jericho* signifie la ville des parfums ou des bonnes odeurs. Ce nom se décompose en *Jer* et *Richo*. Ce dernier venant de *Ruach* en hébreux qui signifie odeur, parfum, fumée d'encens.

Selon Josèphe Flavius, un prêtre, historiographe romain d'origine judéenne de confession juive, Jérusalem fut bâtie par Melchisédech, roi cananéen. Il s'agit certainement d'un mythe. Mais nous savons la riche valeur du mythe. Quand les juifs entrèrent en 1400 avant J-C, la ville se nommait alors *Jébus*. Elle était placée sous la domination des *Jébusiens*. David s'empara de Sion, la citadelle, puis, il fit de Jérusalem sa capitale. Son fils Salomon y bâtit un temple magnifique en l'honneur du Très-Haut.

Salomon (*Shlomoh*) : ce nom est dévié de *Salem*, qui signifie « le Pacifique ». Nous retrouvons la désinence *Salem* dans Islam ou *Moslem* (musulman), qui signifie la volonté divine ; la définition première de l'Islam étant la soumission à Dieu. De même la foi, celle des chrétiens, n'est pas seulement une condition subite d'adhésion sentimentale au Christianisme, mais une condition et une soumission à la volonté de Dieu, comme le définit parfaitement le mot féodalité venant du latin fides : la relation d'amour du vassal à son seigneur ou encore le Pater Noster. Il s'agit de *l'amr*, mot arabe, noté par Jean Tourniac dans son ouvrage Melchisédech à propos de la prière universelle qui signifie « *Le commandement, le précepte divin, la volonté du créateur* ». Le Commandement est un symbole divin, dans la mesure où il rend compte de la Parole de Dieu. La parole de Dieu est un acte en soi. Il est dit que la condition divine est nécessaire à la Paix. Cette condition est rappelée dans la prière chrétienne du *Pater Noster*.

*

Les pèlerins affluaient vers la ville de Jérusalem et leur nombre pouvait s'élever à cent mille personnes au jour même de la fête religieuse auxquelles viennent s'ajouter les vingt-cinq mille habitants de la Ville Sainte. Les pénitents devaient s'organiser pour trouver un local qui leur servirait à organiser leur repas pascal. Mais encore fallait-il qu'ils sacrifient un agneau sans tache, selon le rituel prévu par la Loi et dans la ville même. L'obligation de tuer l'agneau du sacrifice, dans l'enceinte même du Temple de Jérusalem, fut déjà levée à l'époque du Christ, au vu du nombre important des demandes ; le Temple ne disposait que d'un local de trente cinq mètres carrés, destiné à cet usage, selon Joachim Jérémias dans : « *Die Abendmahleswörte Jesu* » 1967.

Un agneau suffisait pour dix à douze personnes. Il y avait donc une grande activité au cours de la semaine précédant Pâque. Les pèlerins devaient s'obliger à passer la nuit pascale dans la ville même de Jérusalem. Jésus dormait généralement à Béthanie, mais ce soir-là ce n'était pas possible, il l'a passé au Mont des Oliviers ou au Jardin de Gethsémani au flanc ouest compris dans la circonscription de la ville. Il fallait donc que les pèlerins pourvoient à trouver un gîte dans la circonscription urbaine, certains allant dormir sur les toits des maisons, dans les fermes et dans les cours.

La Pâque, « la Fête des Pains Azymes » représentait la plus grande fête de l'année.

Au repas pascal, très codifié et ritualisé on mangeait l'agneau, sacrifié aux premières heures de la tombée de la nuit de la fête au moment même où tous autres agneaux étaient sacrifiés.

Comme en Islam c'est le calendrier lunaire qui fixe Pâque. La Pâque chrétienne est également fêtée par le calendrier lunaire, ou plutôt par le premier Dimanche qui suit la pleine Lune de Printemps. Mais la Pâque juive se distingue de la Pâque chrétienne. Le rituel juif est un regard en arrière sur le sang de l'agneau délivrant Israël d'Égypte pour le pays de Canaan. La mort de Jésus délivre (la délivrance est un terme d'initié) Ex 15, 13 et 12, 8. La Pâque chrétienne est une perspective du monde à venir symbolisée par la sortie d'Égypte. La Pâque Juive est le mémorial, le *Memra* de Yahweh : la nuit de la création, la nuit de l'alliance avec Abraham, nuit de la délivrance d'Égypte et ce sera la nuit du rachat. Quant à la Pâque Chrétienne, elle est le mémorial du Sacrifice de Jésus sur la Croix, pour la délivrance de la multitude.

Enfin pour les trois religions monothéistes, si on ose aligner le sacrifice de l'*al id el kabîr* islamique aux Pâques juive et chrétienne sur le plan de l'évènement annuel, il s'agit d'un véritable mémorial, entendons dépassant le temporel, c'est-à-dire réellement actuel.

*

Chapitre deuxième
Le Pèlerinage en Islam

1
Le pèlerinage musulman à la Mecque, le hajj

On ne peut évoquer les pèlerinages en général sans évoquer celui des musulmans qui se déroule à la Mecque. Cette grande manifestation pèlerine répond aux critères originaux du chemin du retour à l'état primordial. Et en cela il mérite de figurer dans le présent ouvrage.

L'islam offre de nombreuses formes d'initiation ou de voies initiatiques *tariqa,* par exemple dans le soufisme. L'ésotérisme, nommé dans la langue arabe *tassawuf* représente un important enseignement initiatique. Le pèlerinage de la Mecque peut être réalisé selon deux écoles soit exotérique soit ésotérique, il se nomme alors le *hajj,* ou initiatique et soi de façon intérieure, par le cœur, il se nomme dans ce cas *hajji*. Il faut retenir que toutes les voies initiatiques sont universelles ainsi que l'ésotérisme *tassawuf* de l'Islam.

« *Apprendre la science de la religion est une obligation pour chaque musulman a dit le Prophète.* »

Charles-André Gilis, *Abd ar-Razzâq Yahya,* son nom islamique, est né en 1934. Il est l'auteur d'un certain nombre d'ouvrages sur l'Islam. Dans celui intitulé « La Doctrine du Pèlerinage » aux éditions Al Bustane en 1994, il se fait l'interprète de l'œuvre de *Cheikh al Akbar, Muhy-d-Din Ibn'Arabi* à la lumière de ses deux maîtres René Guénon et Michel Vâlsan.

Situation de La Mecque

Parcours du pèlerinage hajj

La Mecque

Aire des lapidations

Marwa

Kaaba   Safâ

Minâ

Tentes des pèlerins

Muzdalifa

Mont Arafa

Environ 5 Km

JORDANIE   IRAK   IRAN

KOWEÏT

ARABIE SAOUDITE

BAHREÏN

Médine   Riyad   QATAR

ÉMIRATS ARABES UNIS

Djeddah   La Mecque

OMAN

SOUDAN

YÉMEN

ÉRYTHRÉE

500 km

Son ouvrage est la seule étude complète parue en Occident sur la signification ésotérique de la Maison d'Allah et des rites du Pèlerinage islamique.

Aussi, nous avons cru bon de présenter au lecteur le Pèlerinage de La Mecque sous la forme d'une synthèse de quelques pages de l'oeuvre de Charles-André Gilis sur la doctrine de ce pèlerinage. Malgré son contenu ésotérique ou initiatique, nous nous sommes attachés à respecter l'esprit de ses écrits dans un langage accessible à tous. Cependant, l'ésotérisme étant universel, il est fait souvent référence à la tradition hindouiste. Pour une meilleure approche, nous recommandons au lecteur de se référer à notre ouvrage précédent « La Spirale des Cycles » qui offre quelques bases utiles, notamment à propos de la théorie orientale des cycles.

*

Apparu au 7ième siècle de notre ère dans la péninsule arabique, territoire qui correspond à peu près à l'Arabie Saoudite actuelle, l'Islam se rattache à Abraham, bien qu'apparu après le Christianisme. Nous résumons ce que la bible dit à ce sujet : Sarah épouse d'Abraham, stérile, demande à Dieu que sa servante égyptienne Agar lui assure une descendance. Dieu répond favorablement à cette supplique, mais Agar méprise Sarah et lui désobéit. Sarah la maltraita et sa servante s'enfuit dans le désert. Seule, près d'une source, Dieu lui demande de retourner vers Sarah et d'obéir à sa maitresse, ce qu'elle fit, et Dieu lui promit une grande descendance et pour commencer un fils qu'elle devra nommer Ismaël. A l'issue de cet épisode Dieu promet également une grande descendance à Sarah par un fils qu'il lui accordera finalement et à Abraham Dieu promet une alliance pour sa multitude.

Présentation succincte du pèlerinage

Le pèlerinage à la Mecque, *hajj*, présente un caractère obligatoire et doit se réaliser un fois dans la vie du musulman. Ce pèlerinage est le derniers des cinq obligations du musulman prévues dans le *hadith* et qui sont: la profession de foi, la prière, le jeûne, l'aumône et le pèlerinage. L'ensemble, les piliers de l'Islam, sont ramenés à la Kaaba le centre du monde. (entendons spirituel).

Le pèlerinage présente un grand nombre de prescriptions et d'interdictions pour le pratiquant. Il est l'occasion du sacrifice de l'agneau. Le *hajj* est un tout, cependant, il peut, après sacralisation du pèlerin, se résoudre aux deux premiers stades, décrits brièvement ci-dessous qui se distinguent de l'ensemble du pèlerinage sous l'appellation *'umra*. Il se nommera alors Petit Pèlerinage.

Les grandes étapes sont les suivantes :

- Prise de sacralisation préalable *l'ihrâm*, le pèlerin devra revêtir « la robe de lumière ».
- Accomplissement du *tawâf,* qui consiste à circumambuler sept fois autour de la Kaaba et d'exécuter à chaque tour une *rakate,* un abaissement, et une prière, face à la station d'Abraham, *maqâm Ibrahim.* Il s'agit d'une pierre sainte sur laquelle on retrouvera l'empreinte des pieds du patriarche.
- Accomplissement de la course septuple, *sa'y.* Il s'agit d'un parcours rectiligne entre les deux rochers de *safâ* et de *marwa* à quatre cents mètres l'un de l'autre. Le *sa'y* se déroule au *mas'â.* Il s'agit d'une épreuve et d'une purification en mémoire d'Agar dans le désert implorant Dieu de l'eau pour son fils Ismaël.
- **Fin du petit pèlerinage et de *l'umra*.** Cette partie se déroule à la Mecque toute l'année.
- **Suite des étapes** pour le grand pèlerinage. Il s'agit de rites particuliers qui se déroulent au-delà de la Mecque. Il ne peut avoir lieu qu'une fois dans l'année, le 8 du dernier mois lunaire, *dhû al hajja.* Ce jour-là, les pèlerins se préparent à partir pour *Minâ.* C'est le jour de l'approvisionnement de l'eau.

- Le 9, représente le jour d'*Arafa*. C'est le point culminant de la manifestation avec le *wuqûf*. Après le coucher du soleil, les pèlerins déferlent vers *Muzdalifa*, puis après le lever du soleil, ils refluent *vers Minâ*. Ils y lapident au lever du jour trois stèles, puis les hommes se rasent la chevelure avant le sacrifice de l'agneau.
- Nous sommes alors le 10. C'est le grand jour du sacrifice du *dhû al hijja*, jour du sacrifice *yaum an nah*. Ce jour-là tout le monde islamique célèbre *l'al îd al kabîr*.
- Les pèlerins se désacralisent partiellement et dès que possible rejoignent La Mecque.

*

Le petit pèlerinage *hajj* à la Mecque exclusivement

Le rite de l'*umra*

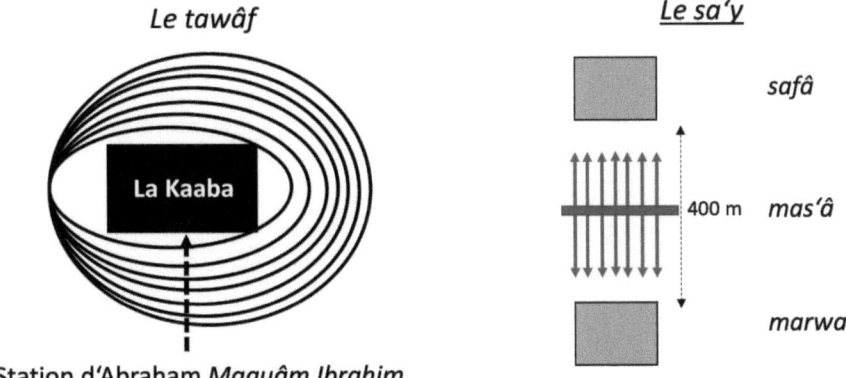

À 15 mètres de la Kaaba, le pèlerin effectue une rakate, soit 7 rakates autant de cycles de la circumambulation par la droite.

2
La sacralisation du pèlerin l'ihrâm

Avant de commencer son périple, le pèlerin doit se mettre en condition pour entreprendre le chemin qui le mènera à l'état primordial. A cette circonstance, il revêt un vêtement spécial, tant l'homme que la femme. L'*irhâm* retranche le pèlerin de sa condition ordinaire pour le remettre en harmonie avec celle de l'état primordial que symbolise le territoire sacré *haram*, La Mecque, consacré par Allah lui-même.

A présent il n'est pas autorisé à sortir de ce territoire sacré, ni a s'approprier des minéraux ou à cueillir des plantes. Il lui est également interdit de tuer et de manger des animaux terrestres. En effet si ce territoire sacré se trouvait en mer, le pèlerin pourrait pêcher, car Dieu a créé le monde par l'eau totalement compatible avec l'état primordial.

En se sacralisant, le pèlerin devient le serviteur de Dieu seul. Ne pouvant plus être en chasse de bienfaits, l'*ihrâm* prend un aspect symbolique de la réalisation de l'identité suprême. Le territoire perd sa qualification spatiale pour celle d'un point fixe et de ce fait les prières récitées ne seront plus qu'impaires. Le pèlerin se met en situation de propreté intégrale et procède à une grande ablution obligatoire. Il est frappé par d'autres interdictions dpourtant sur la pureté.

La tenue que revêt le pèlerin est composée de deux étoffes, sans couture, propres et blanches. Le première *izar* placée autour des reins et la seconde *ridâ* sur les épaules couvrant le haut du corps. Le port de la culotte longue *sirwâl*, d'une chemise ou d'un manteau sont strictement interdits. La tête doit être recouverte et le pieds chaussés de sandales également sans couture. La femme n'a aucune obligation vestimentaire précise sauf celle à découvrir son visage et ses mains, alors qu'elle est en principe voilée en dehors de chez elle.

Fin prêts, les pèlerins effectuent deux rakates et formulent leurs intentions. Dès ce moment, la sacralisation est accomplie.

On aura noté, une différenciation d'habillement entre hommes et femmes. Elle correspond à leurs différences fondamentales de leurs statuts existentielles.

Or le *ridâ* et l'*izar*, les deux pièces d'étoffes, non cousues, sont des attributs divins. Dieu en est jaloux : « *la grandeur de mon ridâ et l'immensité de mon izar, « celui qui me le dispute, je le brise.* » L'homme au cours du pèlerinage s'en revêt exceptionnellement de plein droit, ce qui modifie son aspect extérieur et son cœur et cela le met à l'abri de la jalousie divine, car l'état de sacralisation le protège par la transcendance divine d'où l'interdiction de porter des vêtements cousus.

> **Un peu de linguistique**: Les adverbes *gär* ou *gern* en allemand peuvent se traduire en français par « volontiers » et dans une moindre mesure par « préférer ». En outre, ils servent à exprimer l'amour que l'on porte pour une personne ou pour une chose.
>
> Les racines étymologiques de ces adverbes se trouvent dans l'indogermanique **gher*, ainsi qu'en sanscrit *haryati*. La lettre h en linguistique peut résulter de la transformation de la lettre g et même de k. Cœur est traduit par *Häerz* en Luxembourgeois et *Herz* en allemand.
>
> Traversons la Méditerranée et voyons le mot arabe retranscrit ici par *ghayra* (1) C'est troublant. Mais cette fois-ci le mot exprime un sentiment de jalousie, de possession. C'est l'amour jaloux et possessif de Dieu envers les hommes, s'ils se détournent de lui pour une « autre chose », et cette « autre chose», la langue arabe l'exprime par *ghayr*.
>
> (1) الغيرة

L'état de sacralisation apparait alors sous son aspect suprême, comme une disparition du voile entre le musulman et Dieu. Ce qui explique pourquoi les femmes enlèvent leur voile lors de la sacralisation. Cet aspect est important et révèle l'aspect féminin de la réalisation initiatique. Il n'y a pas de sacralisation à charge de la femme, que dans son visage. C'est son état, considéré non-manifesté.

Si la femme est considérée inférieure dans la perspective cosmologique, elle apparait supérieure dans la perspective métaphysique. En fait, Ibn Arabi souligne que le port du voile ne fait pas partie des prescriptions légales originelles et qu'il n'a été édicté que pour des raisons contingentes tenant aux intérêts individuels blâmables à l'origine de la révélation islamique.

L'homme ne peut se parfumer lors de la sacralisation, alors que les femmes le peuvent. Enfin il est recommandé aux femmes de se teinter légèrement les cheveux de henné.(1)

(1)Le henné est un colorant d'origine végétale obtenu à partir des feuilles séchées d'une plante odoriférante (Lawsonia inermis, appartenant à la famille des Lythraceae), principalement issue du sous-continent indien et d'Afrique du Nord. Il est utilisé depuis des milliers d'années pour la coloration des cheveux et la peinture corporelle. La molécule extraite des feuilles est commercialisée sous forme de poudre à préparer en pâte. Les tatouages au henné sont aussi des tatouages temporaires : les pigments sont appliqués sur la peau et disparaissent au bout de quelques semaines.

Les Sept Rakates

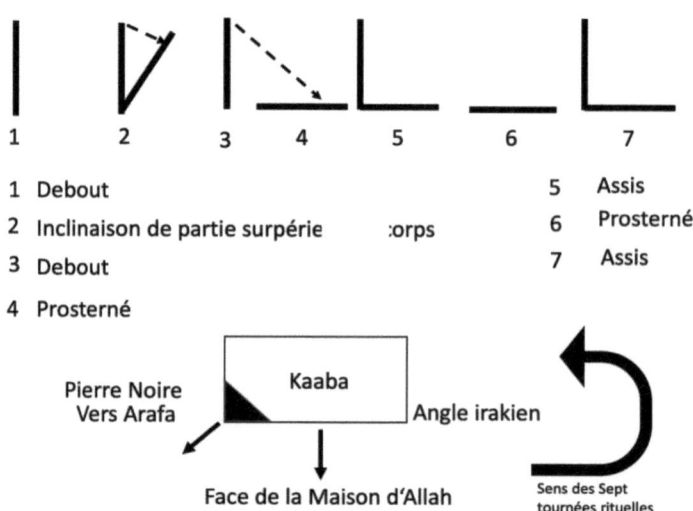

1	Debout	
2	Inclinaison de partie surpérie :orps	
3	Debout	
4	Prosterné	

5	Assis
6	Prosterné
7	Assis

Pierre Noire
Vers Arafa

Kaaba

Angle irakien

Face de la Maison d'Allah

Sens des Sept
tournées rituelles

3
Les tournées rituelles autour de la Kaaba, le tawâf

Le pèlerin effectue sept tours ou spires autour de la Kaaba de manière continue et régulière sans interruption. Il embrassera à chaque fois la Pierre Noire ou bien il la désignera de la main s'il ne peut s'en approcher aisément, sans pour autant s'arrêter. Ce geste doit être suivi par deux prières rituelles, au cours de deux rakates derrière la station d'Abraham, *maqâm Ibrahim*.

Une rakate correspond à une prosternation. Elle s'effectue en sept temps en clamant le nom de Dieu au plus haut : notamment *Allah Akbar!*

S'ensuit une prière générale à la Mosquée alors que le *tawâf* est interrompu pour ce moment. L'imâm se tourne au cours de la prière, debout devant le côté considéré comme la face de la Maison d'Allah, côté de la Pierre Noire. (Voir le croquis). Ce moment est considéré comme l'instant de contact avec le principe immuable : « La *Roue cesse de tourner* ». Le pèlerin touche à ce moment l'Axe Mundi. Il est recentré. Les tours autour de la Kaaba peuvent en effet être symbolisées par la spirale des cycles.

Au cours du pèlerinage nous rencontrerons souvent le chiffre Sept : Sept tours, Sept rakates et dans l'accomplissement du *sa'y*, que nous aborderons : les Sept courses entre *Safâ* et *Marwâ*.

La Kaaba est le centre du monde, le lieu d'incidence de l'Axe Mundi. Il s'agit d'un lieu de théophanie privilégié. Charles-André Gilis se réfère à Ibn Arabî pour souligner que les sept tournées symbolisent celles accomplies par les planètes dans les sept cieux. Celles-ci exerçant une influence sur les quatre éléments dans l'univers. Ainsi l'accomplissement du *tawâf* réalise une influence sur la modalité corporelle de l'être humain. La prière du pèlerin, exécutée par les rackates, reproduit symboliquement cette filiation par ses sept positions corporelles. (Voir le croquis page 54).

Lors des tournées qui s'effectuent dans le sens contraire d'une aiguille d'une montre, le pèlerin se trouve à la droite de la Kaaba, ce qui le met à l'abri du démon, celui-ci ne peut se mettre entre Allah et le pèlerin. En Islam la droite est considérée comme le symbole de la force, cependant le démon peut atteindre sa gauche, le cœur, mais ici il bénéficiera d'une protection complète, son cœur étant dirigé en permanence vers la Maison d'Allah. Nous avons vu, qu'au cours de la sacralisation du pèlerin, celui-ci revêt un *ridâ* qui ne recouvre pas son épaule et sa poitrine droites, alors que le côté gauche reste couvert. Ceci symbolise la synthèse des deux états de « couverture » ou de « dévoilement divin » qui sont respectivement les aspects de la manifestation divine et de sa non-manifestation. Le côté gauche recouvert par le *ridâ* signifie que le cœur du pèlerin est le siège de l'aspect caché de l'homme, siège des décisions des actes dans le monde, ce dernier étant représenté par ses membres.

Le *tawâf* est également une représentation des tournées qu'effectuent les anges de la manifestation informelle. Pourtant les louanges des pèlerins au cours du *tawâf* sont immensément supérieures à celles de ces anges.

L'entrée de la Mecque ne peut être autorisée qu'aux seuls croyants, entendons musulmans. Ceci est la raison pour laquelle certaines prières interdites à certaines périodes de la journée en temps et lieu ordinaires sont autorisées à la Mecque. L'Islam précise que le mot croyant comporte un sens non pas péjoratif mais strictement initiatique, c'est-à-dire que ce mot désigne ceux qui se soumettent à la manifestation théophanique selon les règles de l'Islam ou dans celles propres à toutes les traditions ésotériques.

4
La course septuple, le sa'y

Le sens symbolique de la septuple course *sa'y* implique une prédominance de l'aspect féminin du Principe : référence faite à l'histoire d'Agar courant entre les rochers de *safâ* et de *marwa* en quête d'eau pour éteindre la soif de son fils Ismaël. *Marwa* représente le pôle passif et *safâ* le pôle actif. C'est de ce dernier point, le pôle masculin, que débute la course qui s'achèvera au pôle passif de *marwa*.

Pourquoi un tel rite entre ces deux points ?

La Mecque tomba entre les mains de la tribu de *jorhom* qui profana le temple et notamment le couple *nâ'ila* et *isâf*, deux amants qui se livrèrent au sacrilège à l'intérieur de ce site sacré. Ils furent livrés au châtiment divin et transformés en statues de pierre (rochers). Cet épisode est l'analogie du refuge que prirent Adam et Ève en se fixant à *safâ* et à *marwa* après leur chute et leur exil terrestre jusqu'au moment où l'ange Gabriel leur enseigna les rites du Pèlerinage. La course septuple représente finalement un rite de réparation d'un temple souillé par un sacrilège.

Nâ'ila signifie « celle qui obtient » en référence à Agar obtenant de l'eau après avoir supplié Dieu. Quant à *isâf*, sa racine est liée au « regret ». Ainsi celui qui monte sur le rocher de *safâ* où se trouvait *isâf* est « remis » d'avoir négligé les droits d'Allah. Arrivé à *marwa*, le pèlerin obtient le fruit de son regret et sa récompense après s'être tourné vers la maison d'Allah et après avoir récité les prières prévues.

Un rite d'épreuve et de purification.

Sur le parcours de *safâ* à *marwa*, se présente un endroit d'épreuve particulière. Il se situe à mi-parcours au lieu nommé *mas'â*. Il présentait jadis une cavité ou une cuvette, aujourd'hui comblée, que deux bornes vertes rappellent au pénitent. C'est la vallée des démons. Le pèlerin doit traverser ce lieu en souriant et en se purifiant, car il est censé être sous l'influence du *shaytân* (Satan). Cette purification est considérée pour le pèlerin comme un retour à la perfection de son âme vers son Seigneur, qui lui a rendu sa « gravité », *waqâr*, et la paix divine : *sakîna*, arrivé à *marwa*.

A chaque parcours, le pèlerin réalise le regret d'*isâf* et il est l'objet en contrepartie de la faveur de *nâ'ila*. De même Agar dans sa quête de l'eau pour son fils Ismaël fut exaucée par Allah quand l'ange Gabriel frappa alors la terre de son talon et que l'eau jaillit.

La course septuple présente une étape particulière dans le pèlerinage. Ce rite est d'une grande richesse pour le pénitent. Il est toutefois laissé à la libre initiative du pèlerin de le pratiquer ou non, bien qu'il figure comme une primauté du *tawâf*, le rite autour de la Kaaba. C'est vers elle, que le pèlerin se tourne, lors de ses invocations à chacun de ses passages entre les deux rochers de *safâ* et de *marwâ*. C'est bien le rite du *tawâf* qui prédomine finalement, la maison d'Allah représente l'essence divine, alors que le *sa'y* apporte aux pèlerins les sept attributs de la perfection rattachés à la vie. La purification cependant représente la mort évidente. La primauté du *sa'y* réside dans le fait, qu'à l'origine les statues de *nâ'ila* et d'*isâf* avaient été dressées en bordure du *matâf* (zone de la Kaaba) de sorte que le pèlerin débutait ses dévotions pèlerines par l'attouchement d'*isâf* et finalement de *nâ'ila*.

Sens ésotérique ou initiatique du Sa'y

Son sens profond peut être mis en parallèle avec la tradition hindoue. Nous apportons ici quelques éléments essentiels sur lesquels le lecteur pourra se référer à l'œuvre de René Guénon, notamment dans son ouvrage : « L'homme et son devenir selon le Vedântâ ».

Schéma d

Le symbolisme de la voie initiatique que représente le Sa'y

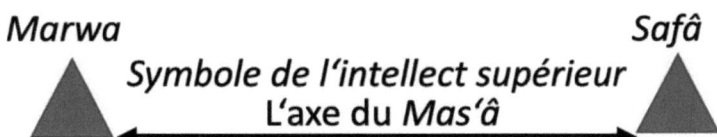

Marwa   *Safâ*

Symbole de l'intellect supérieur
L'axe du Mas'â

La séparation du pôle substanciel du pôle essentiel

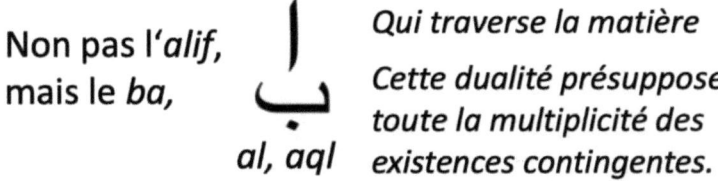

Non pas l'*alif*,
mais le *ba*,

ا
ب

al, aql

Qui traverse la matière

Cette dualité présuppose
toute la multiplicité des
existences contingentes.

Schéma *e*

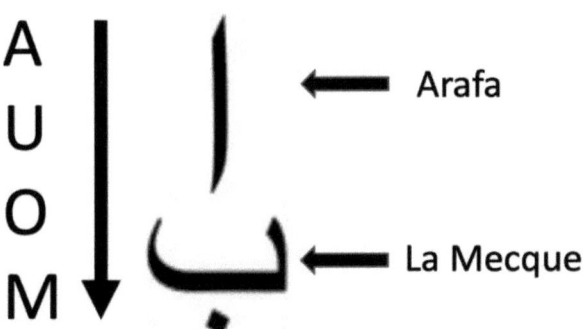

A
U
O
M

ا
ب

← Arafa

← La Mecque

La doctrine des trois gûnas

Tous les êtres manifestés sont soumis aux conditions de la manifestation de la substance primordiale *Prakritti* (pôle passif, source de toutes les formes) qui entraine un déséquilibre de l'harmonie des trois *gûnas* par leur tendance respective : ascendante, expansive et descendante, mais sans jamais atteindre l'extrémité totale ou le paroxysme de leurs conditions propres.

- *Sattwa* : la conformité à l'essence de l'être pur *Sat*. C'est la lumière intelligible ou la Connaissance. Tendance ascendante.
- *Rajas* : l'impulsion expansive, selon laquelle l'être se développe dans un certain état, et en quelque sorte à un niveau déterminé. Tendance expansive.
- *Tamas* : l'obscurité assimilée à l'ignorance, tendance descendante.

Nous avons compris que la descente du *mas'â* au milieu de la course septuple, représente la tendance descendante de l'individu. Les trois sections du parcours peuvent être rapprochées aux trois *gunas*. Le pèlerin obtient la perfection dans l'œuvre d'adoration et opère la synthèse de toutes les tendances possibles par le pôle passif. C'est la réunion des deux pôles par la transcendance des antinomies. *Cheikh al Akbar* précise, selon Charles-André Gilis dans son ouvrage sur Pèlerinage, que le démon ne peut pas menacer l'homme ni par le haut, ni par le bas sur le parcours du sa'y, car il se trouve sur l'axe de la lumière, il ne peut donc menacer l'homme que sur ses côtés, par devant et par derrière.

En conclusion, la question de la perfection spirituelle se réalise au cours du *sa'y* par les femmes, que représente le pôle passif. L'aspect initiatique de la septuple course est liée à la perfection passive dont les caractéristiques sont l'indifférenciation. Les deux extrémités du parcours apparaissent comme des pôles opposés, ils cessent de l'être. C'est un des aspects de la réalisation.

Une doctrine initiatique

Il y a dans le *sa'y* tous les éléments d'une doctrine initiatique visant à dissiper les conséquences de l'illusion vitale, par le rite de la servitude et du regret ; la superstition de la vie : les sept qualités vitales, c'est à dire science, volonté, puissance, ouïe, vie, parole. A celles-ci correspondent les sept noms divins, les attributs de la perfection divine qui sont aussi celle de l'homme universel, mises en rapport avec la course septuple. Dieu fait don aux pèlerins des sept qualités afin qu'ils aient la possibilité d'agir librement vers la réalisation des droits d'Allah. Ici, il s'agit de l'origine du regret du pènitent.

Le *sa'y* est une représentation de la voie initiatique, non seulement comme le sens intermédiaire d'une *tarîqa,* mais aussi du Tao, qui permet le retour à l'état primordial. Le *sa'y* est la pleine réalisation de la voie initiatique.

La place du sa'y dans le pèlerinage

Le *sa'y* est un rite complémentaire mais subsidiaire par rapport au *tawâf.* En effet le pèlerin dans son accomplissement se tourne toujours vers la pierre noire pour exprimer ses invocations à chaque passage entre les deux rochers. Le *mas'â* représente l'intellect créé par opposition aux doctrines traditionnelles qui s'affirme sur une révélation proprement dite où la connaissance a pour mode spécifique la foi et pour organe le cœur.

*

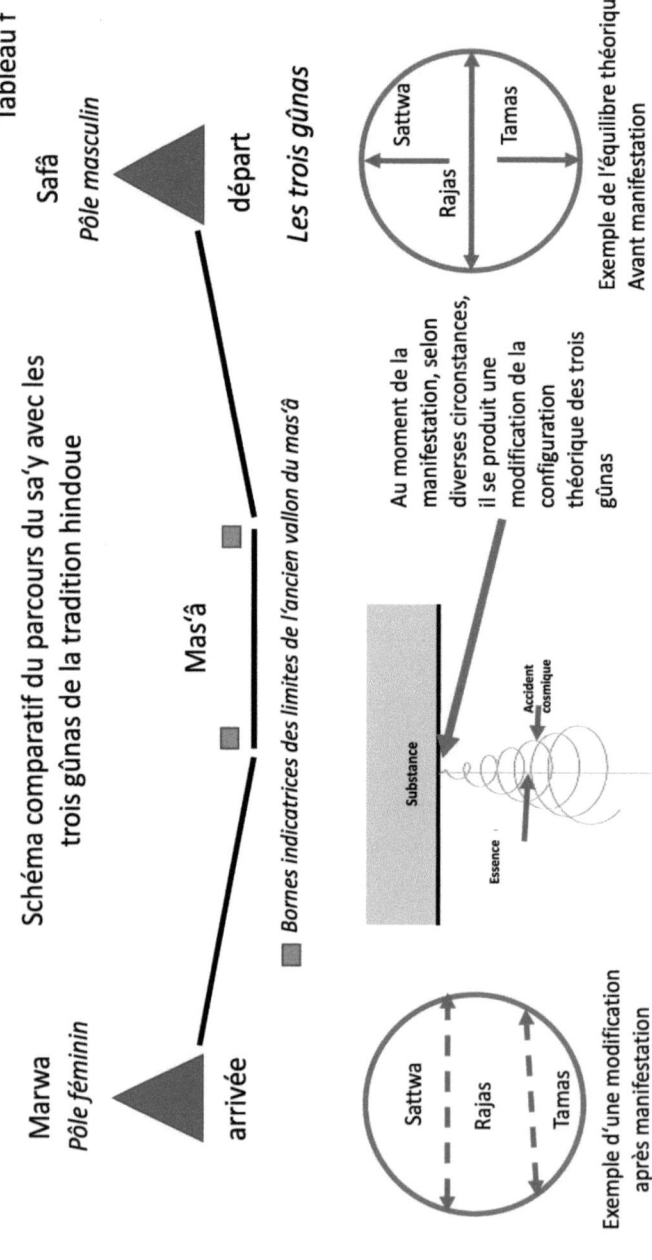

Tableau f

Schéma comparatif du parcours du sa'y avec les trois gûnas de la tradition hindoue

Safâ
Pôle masculin

Marwa
Pôle féminin

départ

arrivée

Mas'â

■ *Bornes indicatrices des limites de l'ancien vallon du mas'â*

Les trois gûnas

Sattwa

Rajas

Tamas

Exemple de l'équilibre théorique
Avant manifestation

Au moment de la manifestation, selon diverses circonstances, il se produit une modification de la configuration théorique des trois gûnas

Substance

Essence

Accident
cosmique

Sattwa

Rajas

Tamas

Exemple d'une modification après manifestation

Le pèlerin par l'accomplissement du sa'y doit obtenir la perfection dans l'œuvre d'adoration et opère la synthèse de toutes les tendances possibles par le pôle passif.

5
Le Jour d'Arafa
yaun 'arafa

Le Mont de la Miséricorde et le Centre de l'être total

> *« Sur le plateau de la plaine d'Arafa, se situe le Mont de la Miséricorde Jabal ar Ruhma, au pied duquel se trouve les grands entassements de rochers représentant les invocations et des demandes des pèlerins. »* Le Qâf et les Mystères du Coran Glorieux – Charles-André Gilis – Albouraq

Arafa représente le but et l'essence même du pèlerinage. Le pèlerin qui y parvient accède à la maison véritable, non bâtie, ni taillée de pierre, celle de la connaissance pour celui qui s'y prosterne. C'est l'accès à la réalisation directe et sans intermédiaire de la présence divine par le franchissement des limites existentielles, là où s'accomplit le *wuqûf* extrême et l'arrêt de la pérégrination.

Il s'agit de la doctrine de l'Un, l'unité de l'essence, de degré, de rang et de multiplicité. L'unité de l'essence dans la doctrine du Soi Universel est mystérieusement présente en toute créature. Ne connaît l'unique que celui qui est lui-même. Celui qui se connaît, connaît son Seigneur.

L'unité de la multiplicité se rapporte à l'existence universelle, la manifestation intégrale des possibilités de l'être, tout en demeurant unique dans son essence et dans sa nature intime.

Le fait même que la station d'Arafa soit un symbole de pure connaissance explique que la station ne comporte aucune obligation propre, il s'agit d'y être au moment prescrit par la Loi.

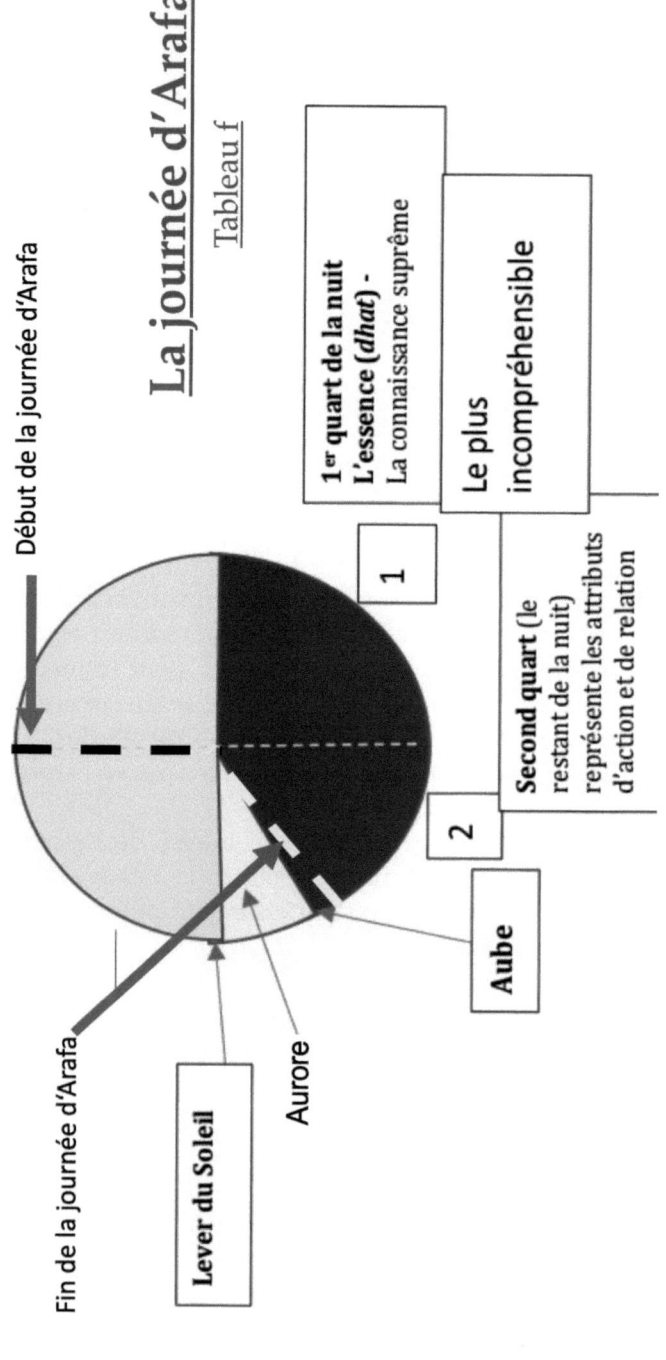

La journée d'Arafa

Tableau f

Début de la journée d'Arafa

Fin de la journée d'Arafa

Lever du Soleil

Aurore

Aube

1er quart de la nuit
L'essence (*dhat*) -
La connaissance suprême

Le plus incompréhensible

1

Second quart (le restant de la nuit) représente les attributs d'action et de relation

2

Cependant au jour d'Arafa, Allah réservera ses faveurs divines aux pèlerins qui se seront sacralisés et auront effectué le *hajj*.

Le rassemblement d'Arafa préfigure l'ensemble des hommes le jour de la Résurrection, parce qu'il représente le Pôle Substantiel, mais au terme du cycle il apparaît sous l'aspect de la rigueur et du Jugement Dernier. La station d'Arafa est orientée vers La Mecque et représente l'union métaphysique du Principe et de sa Manifestation et la réalisation suprême de l'Homme Universel.

L'imâm du pèlerinage fait le prône et accomplit directement l'une après l'autre les prières du *zuhr* et du *'asr*, à voix basse cette fois-ci. La lecture doit prendre une apparence secrète pour souligner la relation directe de l'imâm avec le Seigneur. L'actualisation de la présence divine s'opère à ce moment de manière directe sans intermédiaire. Le jour d'Arafa représente un principe d'extra-temporalité. Puis intervient « le jeûne d'Arafa ».

Ce jour apparait comme transcendant par rapport à toutes les successions temporelles, car : « Allah pardonnera au pèlerin ses péchés antérieurs et ultérieurs ». Ainsi pour marquer ce moment intemporel, la partie diurne de ce jour exceptionnel y précède, à l'inverse des autres jours. Rappelons qu'en Islam le jour commence à la tombée de la nuit.

La nuit d'Arafa

Il s'agit de l'inversion du jour et de la nuit, comme un aspect apocalyptique, les arabes et les étrangers sont unis sous le même statut de l'indifférenciation. Nous sommes au neuvième jour du mois *dhû-al-hajja*, le dernier mois lunaire.

La durée du jour est réduite aux trois-quarts. Sa durée va du passage du soleil au zénith jusqu'à l'aube du jour suivant. C'est durant cette période que le *wuqûf* est considéré comme valable. Voir le croquis de la journée, l'aurore est la partie de la journée nommée *fajir*. De celle-ici il faut retrancher la période qui va de l'aube au lever du soleil soit1 heure et 5/6ième (1 heure 50).

Le tableau f, représente cette journée d'Arafa.

6
L'ifâda et Muzdalifa

Après le coucher du soleil, l'ensemble de la communauté pélerine, purifiée, pardonnée et bénite, « déferlera » vers La Mecque après une étape à Muzdalifa, puis à Minâ afin de vivifier la communauté islamique tout entière. C'est un déferlement nocturne, qui se présente comme une marée de santé, entendons sainteté. C'est aussi une théophanie axiale sur l'ensemble de l'Islam. Elle constitue une *baraka* et un retour en terre sacrée, telle une « pentecôte ».

Le sens du déplacement des pèlerins vers Muzdalifa peut être rapproché, selon la doctrine akbarienne, à la prière du Vendredi, *jumu'a*, et encore au *sa'y* la septuple course. En effet se rendre à la « Prière du Vendredi » nommée *s'aw*, proche du mot *sa'y*, peut être comparée au rassemblement communautaire hebdomadaire, que préside l'imâm lors de son prône du haut de sa chaire. Celle-ci présente trois marches, *minbaz*, symbole de la montagne d'Arafa. Ces trois marches représentent aussi les « trois quarts » de la Connaissance d'Arafa, tels qu'ils sont symbolisés dans le tableau *f* et qui correspondent au retour des aspects conditionnés de la manifestation, que symbolise le chemin parcouru au cours de l'*ifâda*. Les deux pôles sont considérés ainsi réunis.

*

7
Minâ

Après la nuit d'Arafa à Muzdalifa, les pèlerins abandonnent à l'aube le territoire pour se rendre à Minâ. De retour dans le monde ordinaire, le pèlerin mesure à présent ses progrès dans la Connaissance au regard de sa première arrivée à Minâ avant de rejoindre Arafa.

En arrivant à Minâ, les pèlerins procèdent à la lapidation de la première stèle des idoles avec les pierres ramassées à Muzdalifa. Cet acte symbolise la mise en échec des forces démoniaques. Ce jet de pierre peut favoriser ou délivrer le pèlerin de toute affinité avec la disgrâce et atteste de l'inimitié à son égard.

Commence la désacralisation. Le pèlerin se rase complètement les cheveux, symbole de la conscience dans le sens hindoue (*Ahankâra*), fruit de la transcendance de la matière par le rayon divin, qui engendre les états subtils de l'homme dont le « moi » qu'il convient de sacrifier. La conscience extérieure disparaît pour laisser Allah déposer la science et le pèlerin se parfumera pour affirmer l'excellence de ses actes.

A présent il sacrifie un animal, selon le droit que lui a accordé Allah, droit qui remonte à Abraham, symbole de la régénération psychique opérée par le sacrifice de l'âme. C'est le jour de l'*al id el kabîr* où tous les musulmans du monde sacrifient des bêtes au même moment.

Dans cette phase de l'*ifâda,* il ne s'agit pas de s'acquitter seulement d'une obligation ou d'accomplir une commémoration de la fonction divine du Prophète. « *Au contraire elle prolonge et rend factuelle ses aspects fondamentaux d'une manière pleinement opérative de l'ordre collectif et extérieur qui est le sien.* ». C'est en fait le but de chaque sacrifice, qu'il soit chrétien (l'Eucharistie) ou celui de la Pâque Juive aux premières heures.

Alors s'effectue le retour à La Mecque et la fin du Pèlerinage.

Enfin, la négligence du Pèlerinage entraine la déchéance du musulman dans l'islam.

*

8
La Kaaba

La Kaaba, avec la Mecque, représente le cœur du monde et le substitut de la maison véritable. Elle représente le trône divin. Ses angles, *arkân*, lui signifient sa forme terrestre. Son sommet, *qâf*, invisible, demeure fixe et invariable dans toutes les révolutions du monde. Elle-même fixe et visible, elle est soutenue par quatre piliers d'anges.

Il y a une Kaaba dans les sept cieux, le seul visible étant celle de la Mecque et ne représente que l'une des quatorze terres et cieux. Chacune de ces terres comporte une condition de manifestation, les cieux planétaires étant régis par des pôles.

*

La tradition islamique rapporte que la Kaaba a subi des mutations au cours de trois époques : primordiale avec Adam, secondaire avec Abraham et Ismaël et enfin finale avec le Prophète Mohamed.

La Kaaba actuelle présente une forme plutôt parallélépipède, dont les dimensions sont les suivantes : hauteur 15 mètres, longueur 12 mètres et largeur 10 mètres.

La Kaaba d'Abraham fut triangulaire. Sous l'ère Mohammedienne, un quatrième angle fut rajouté, afin de signifier l'entrée du monde dans le quatrième cycle du *Kali-Yûga*.[1] L'angle de la Pierre Noire est dirigé vers Arafa. À propos d'orientation, la

(1) Voir le chapitre 2 page 107 dans la Spirale des Cycles de Francis André-Cartigny.

Kaaba est située dans l'axe médian du *hijr* qui correspond approximativement au nord-nord-ouest. Cette direction pourrait-être celle de la direction suivie par Abraham pour atteindre La Mecque. Les quatre angles sont nommés « angle de la pierre noire » que nous venons d'évoquer, suivi dans le sens inverse d'une aiguille d'une montre par l'« angle irakien », l'« angle syrien » et enfin l' « angle yéménite ».

La Kaaba primordiale

Il s'agit de l'époque du califat terrestre confié par Dieu à Adam avant sa chute. Un califat est un vicariat, un représentant, l'équivalent du « Roi du Monde ». Adam, fait de boue et de terre, devait se réaliser sur la Terre. Allah lui dit :

> *« J'y mettrai ta descendance qui célébrera ma transcendance. J'y établirai des demeures qui seront élevées pour Moi. Parmi ces demeures, il y en aura une qui aura le privilège de ma faveur. Je lui donnerai mon nom en héritage…. Tu la visiteras et par les peuples des siècles et des prophètes. »*

La fondation du pèlerinage se situe donc au point d'origine même du nouveau cycle traditionnel, à relier directement au cycle actuel à ceux qui l'ont précédé. Sur la Kaaba, tomba du ciel le *tâbût*, le coffre avec l'image du Prophète et le *Rukn*, la pierre noire. Ces chutes correspondent à la chute d'Adam. Enfin tomba encore en dernier, le Bâton des Prophètes, *al asâ*.

L'ensemble des éléments représenterait la symbolique des trois fonctions suprêmes du Roi du Monde et des Rois Mages mêmes : le *tâbût*, la fonction sacerdotale, le *rukn*, la fonction royale et enfin *al'asâ*, la fonction même du prophète.

Adam et Ève se rencontraient au fond de la vallée entre *Safâ et Marwa*. L'ange Gabriel descendit le dernier mois lunaire *dhû al hajja* pour leur enseigner le rite du pèlerinage.

*

La Kaaba d'Abraham et d'Ismaël

Nous avons vu les origines d'Ismaël, fils d'Abraham et d'Agar. Celle-ci exilée, partit avec son fils Ismaël. Manquant d'eau, Agar désespérée et épuisée, son outre vide, s'assit sous un arbrisseau et dit:

> *« Je ne veux pas voir mourir l'enfant en élevant la voix et pleura ».*
> *« Dieu entendit la voix de l'enfant, et l'ange de Dieu appela Agar du Ciel en disant : « qu'as-tu Agar ? Ne crains point, car Dieu a entendu la voix de l'enfant, dans le lieu où tu es. Lève-toi, relève l'enfant, prends-le par la main, car je ferai de lui une grande nation » Genèse 21.17 ».*

C'est ici l'occasion de donner la signification de l'étymologie arabe d'Ismaël : « *Se faire entendre de Dieu et l'acte de Dieu de faire entendre* ». Aussi Dieu demande à Abraham à son tour d'appeler les hommes universellement et Dieu saura faire entendre sa voix.

La construction de la Kaaba a pour origine Abraham et Ismaël et elle n'est pas d'origine céleste. La fondation du temple nouveau coïnciderait avec un cycle nouveau, correspondant à une différenciation croissante entre tradition et éléments formels. Voir le schéma *g*.

La Kaaba Mahomédienne

Finalement la Kaaba devait être construite pour la venue du Prophète, mais il restait à ce temple sa sacralisation. Ce sera Mohamed qui procédera à cette formalité selon la volonté divine et selon son inspiration. Il plaça la Pierre Noire à la droite du Seigneur. C'est par ce geste même que Mohamed devint le Prophète et devint la synthèse des entités prophétiques.

Mohamed fut désigné *al Amîn,* maître architecte du temple primordial par un enseignement spécial de l'Archange Gabriel.

Avant la finalisation de la Kaaba qui revient à Mohamed, d'autres traditions auraient apporté « leur pierre » aux débuts de l'Islam. Il est question des « *Nestoriens dont les relations avec le lamaïsme semblent incontestables* » selon René Guénon dans le Roi du Monde. Il s'agit du Khorassan qui fournit nombre de maçons et d'architectes dont les connaissances en construction sacrée sont bien connues.

Schéma *g*

Le Rôle d'Abraham et d'Ismaël dans la restauration de la Kaaba

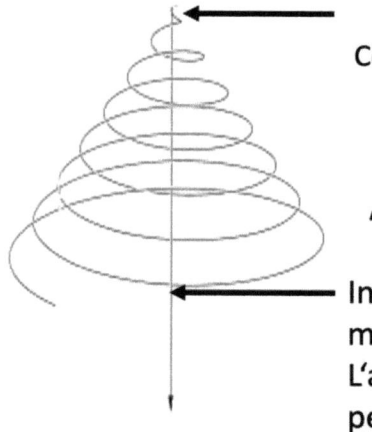

Chute d'Adam
Contruction adamique de la Kaaba

Abraham restaure la Kaaba et le rite du pèlerinage.
Intervention analogue à une action médiatrice de recentrage.
L'ascension aux états supérieurs peut reprendre.

9
Autres obligations

Le pèlerin au cours de sa quête, dès sa sacralisation prononce la formule rituelle du *talya* afin de rappeler à chacun que Dieu a demandé à l'homme de venir à la Kaaba. L'énonciation inaugure, au point de vue initiatique, la marche du pèlerin vers son retour à l'état primordial. En prenant l'état de sacralisation, le pèlerin sort de sa condition individuelle et revêt un statut spirituel supérieur. Le fait de prendre l'*ihram* doit nécessairement obliger le pèlerin à l'accomplissement d'au moins une des trois formules du pèlerinage :

> *L'ifrâd.* Le pèlerin n'est pas tenu de réaliser une '*umra* initiale pour se rendre directement à Arafa, sans pour autant s'interdire de participer à la circumambulation autour de la Kaaba et au *sa'y* à son retour d'Arafa.

> *Le tamattu'*. Le pèlerin se consacre à l'unique '*umra*. Il peut alors se désacraliser pour reprendre ultérieurement son pèlerinage, à condition de rester sur l'ère de la Mecque le *hajj*. Cependant cette '*umra* initiale doit coïncider avec le mois du Pèlerinage.

> *Le qîram.* Le pèlerin se sacralise en une seule intention pour le grand pèlerinage : '*umra* et pour le *hajj* total.

Pour résumer. Juridiquement une seule intention, une seule sacralisation, un seul *tawâf*, un seul *sa'y* et un seul rasage (désacralisation), oblige en cas de reprise du pèlerinage à une nouvelle sacralisation du pèlerin.

Le jeûne

« *Il est une offrande qui revient à Dieu de droit et qui lui convient d'avantage que l'offrande de la victime sacrificielle.* » Cependant le pèlerin venu sans victime à La Mecque peut s'acquitter de son offrande par un jeûne compensatoire de trois jours au cours du *hajj* et de sept jours à son retour..

*

Chapitre dernier

Actions charismatiques et les miracles

1
Le temps des guérisons
Un temps charismatique

« Alors, Jésus lui dit : » O femme, votre foi est grande : qu'il vous soit fait comme vous voulez ». » Et sa fille fut guérie à l'heure même. »

Ces paroles sortent de l'Évangile selon Matthieu 15, 21-28 dans l'épisode de Jésus en Phénicie : la Cananéenne. Que signifient les paroles « *Votre foi est grande* » ou dans d'autres scènes quand Jésus à la suite d'un miracle dit par exemple « *Va, ta foi t'a sauvé !* ». La foi n'est pas un sentiment, l'acte de foi est un acte intellectuel lié à l'action de l'Esprit-Saint, c'est ce que tente de démontrer le présent chapitre.

Quand la guérison entre dans les intentions d'un pénitent dans sa quête vers un lieu sacré, il se doit d'être en état de grâce c'est-à-dire qu'il sort de sa condition individuelle.

*

« Les guérisons se produisent généralement dans les « centres » terrestres où se manifeste une influence spirituelle généralement prodiguée par la Mère du Christ ou par l'infusion de l'Esprit-Saint. Le temps des guérisons est un temps charismatique » Jean Tourniac – Vie Posthume et résurrection - Dervy.

« En vérité, en vérité, je te le dis, nul, s'il ne renaît de l'Eau et de l'Esprit, ne peut entrer dans le Royaume de Dieu ». Jean 3, 5-6.

« La vie éternelle est donc sous-jacente à la re-naissance animique – l'eau – et spirituelle – le feu. »

Le Baptême est une action charismatique, dans le sens qu'il lave le péché originel. Mais ce sacrement est également un exorcisme, il chasse le démon et rend saint et guérit.(1) Il convient de préciser que le terme « charisme » vient du grec *kharisma*, c'est à dire « don et faveur ». Attesté par Saint-Paul au sens précis de la théologie catholique : *« don surnaturel accordé à un croyant ou à un groupe de croyants pour le bien de la communauté. »*

Charisme est un terme de théologie catholique, passé dans la sociologie politique avec le sens d'autorité, de fascination irrésistible qu'exerce un homme sur un groupe humain. Charismatique dérivé de charisme qualifie celui qui est relatif aux charismes et à la sociologie politique, celui qui est doué d'un pouvoir de fascination. Enfin charismatique est strictement un terme de théologie.(2)

En conclusion, le charisme possède donc une **face spirituelle et une face purement physique et humaine** par mode de fascination, donc par un pouvoir essentiellement psychologique. Il va sans dire que nous nous trouvons en religion en face d'une force supranaturelle venue d'en haut et dans le monde profane d'une force suggestive ou séductrice venue d'en bas. Ces derniers débordements peuvent s'exercer, par exemple, dans des affaires passionnelles d'amour ou de haine prenant prise sur le corps ou sur l'âme de l'individu par des sensations et non par intellection spirituelle.

Pour revenir à notre intention de pèlerinage afin d'obtenir une guérison, il va de soi, qu'elle ne peut être formulée que sur des bases spirituelles profondes.

L'esprit correspond au soi, il est immortel, alors que le corps et la chair sont mortels. Quant à l'âme, c'est notamment le

(1) Les réformes liturgiques catholiques issues du Concile Vatican II ont supprimé l'exorcisme au cours du baptême. Rappelons qu'il s'agissait de chasser le démon.
(2) Résumé de la définition du Robert Historique.

moi mais aussi tout ce qui est subtil dans l'individu. Cette part est soumise à diverses influences, par exemple les courants mentaux, la télépathie etc. et en aucun cas elle ne se rapporte au domaine spirituel car elle est purement physique. Le soi est le principe transcendant et permanent de l'être, celui-ci étant en continuelle modification transitoire et contingente.

L'âme après la mort laisse les éléments psychiques dissociés qui se « posent » de différentes façons sur la terre. Le sang est son élément vital qui anime le corps. Ce dernier se compose des cinq éléments (terre, feu, air, eau et éther) et il est soumis aux cinq sens (son, touché, vision, odeur, sapidité). De ce fait l'existence corporelle est soumise à cinq conditions : l'espace, le temps, la matière, la forme et la vie. Le corps fait partie du monde physique et concerne le domaine de la manifestation.

L'individualité humaine est donc composée d'un corps matériel et d'un corps subtil, l'âme certainement, mais sa composition est complexe et parlons plutôt du monde subtil. La manifestation subtile de l'individu se présente sous divers exemples, le rêve notamment, mais aussi l'extase, la mémoire, les souvenirs etc. Nous touchons ici un problème délicat de la relation entre le mental et l'intellect qui passe par la plateforme de la conscience. Cette dernière est la rencontre du Soi avec la matière à l'origine de la manifestation subtile. Mais, de la conscience se développe l'intellect et interviennent divers signaux nécessaires à la manifestation corporelle et qui dans ce cas sont gérés par la raison.

Les facultés psychologiques ne sont pas du ressort de l'âme mais elles sont les activités permanentes de l'esprit : l'intellectuel, les émotions et la volonté. Dans ces trois facultés, l'intellectuel et la volonté relèvent de l'ordre actif et les émotions, à ne pas confondre avec les sensations, sont de l'ordre passif. Le domaine de la volonté souhaite le possible et ne dépend pas de la raison. Il ne faut pas confondre volonté et désir. Ce dernier ne souhaite réaliser souvent que l'impossible et répond aux impératifs de l'organisme et des sentiments.

Pour résumer. Rappelons que l'individualité humaine est composée d'une part corporelle et d'une part subtile. Celle-ci est l'intermédiaire par la conscience entre le soi et l'activité corporelle. Le moi étant soumis à cette dernière.

Une action charismatique authentique agit sur l'esprit. Sans fondement spirituel ou théologiquement reconnu, un faux charismatique agit sur l'âme.

L'action charismatique authentique intervient dans le domaine subtil de l'être et peut provoquer des guérisons dans le domaine corporel. Pour comprendre cette possibilité nous devons revenir sur la composition du corps humain soumis au temps et à l'espace tel que nous l'avons décrit plus haut.

La manifestation subtile n'est pas soumise au temps, mais reste liée à la forme du corps, donc à l'espace. L'individualité humaine est soumise aux effets de la permanente actualité de l'univers manifesté et de ses conséquences. Une action de l'Esprit-Saint, exclusivement dans le domaine subtil de l'individu, notamment au point d'intersection du Soi et de l'état individuel de l'humain, n'agit que dans le domaine subtil, donc hors du temps. L'individu est alors plongé dans un non-présent ou un éternel présent par le Saint-Esprit. Ceci a pour conséquence une instantanéité, par exemple la réduction du temps biologique des tissus organiques plongés instantanément à l' « abri » de la dégradation globale du métabolisme dû au temps.

> « Comme René Guénon l'a du reste fait remarquer dans un de ses ouvrages, c'est la possibilité de réduire au maximum la contrainte « temps », sans la supprimer puisqu'elle est inhérente à l'état humain, qui explique que des influences spirituelles présentes en certaines localisations sacrées, ou centre spirituels de pèlerinage, puissent donner lieu à des miracles corporels, le corps étant totalement conditionné par le temps et soumis à l'action de ce dernier. » Vie Posthume et résurrection dans le Judéo-Christinanisme – Jean Tourniac – Dervy - page 19
> De même page 117: Il faut toujours se souvenir que cette modalité de prolongement de l'individualité humaine, entre la mort et la résurrection des corps est d'ordre subtil. Dans l'état subtil,

nous avons vu que le « temps » n'est plus du tout celui de vie corporelle. Il y a certes quelques chose qui correspond symboliquement au temps (d'où l'Aveum latin et le sempiternel) mais sans l'affection chronologique et « durative » du temps corporel. Nous avons eu l'occasion de relever aussi que c'est cette réduction du temps biologique à son principe subtil quasi « instantané » qui permet la guérison miraculeuse des tissus organiques lésés et ce dans les «centres spirituels » terrestres où se manifeste une influence spirituelle généralement prodiguée par la Mère du Christ ou par l'infusion de l'Esprit Saint. Le « temps » des guérisons est un « temps charismatique ».

Notons encore ce que Charles-André Gilis rappelle à propos du Pèlerinage de la Mecque:

Au Jour d'Arafa, car le jeûne accompli par les musulmans en ce jour est une expiation , non seulement pour l'année qui précède, mais aussi pour l'année qui suit, ce qui rejoint l'idée d'un pardon des péchés antérieurs et ultérieurs et signifie que la Station d'Arafa implique un <u>dépassement de la condition corporelle ;</u> c'est pourquoi le jour y précède la nuit, contrairement à ce qui est la règle habituelle en islâm. La Doctrine initiatique du Pèlerinage – Charles-André Gilis – Al bustane

Cet état privilégié inclut, au point de vue du tasarruf ou « gouvernement ésotérique du monde », la possibilité d'agir sur le passé et l'avenir comme sur le présent. Arafa représente le lieu par excellence... qui demeure fixe et invariable dans toutes les révolutions du monde*» sur l'expression de René Guénon pour indiquer la signification du vocable qâf. Il observait à ce propos que le nombre de celui-ci est 181, équivalent à la somme des lettres qui entre dans la composition du mot maqâm (station, au sens initiatique du terme)

Cette situation exceptionnelle d'éternel présent peut permettre la   réalisation des guérisons miraculeuses grâce aux influences spirituelles de la Mère de Dieu ou par l'infusion du

Saint-Esprit. C'est bien le Soi, l'esprit qui enregistre ces influences spirituelles et non pas un désir de guérir. La foi n'est pas un sentiment, l'acte de foi est un acte intellectuel lié à l'action de l'Esprit-Saint.

Cela est constaté dans des lieux de pèlerinage et tout particulièrement à Lourdes où des « bureaux des constatations » reconnaissent, s'il y a lieu, les guérisons instantanées « inexplicables » sauf à croire en l'intervention divine. Enfin ces guérisons interviennent bien souvent après le bain des pèlerins concernés dans l'eau de la source de la Grotte de Massabielle, ces mêmes pèlerins professant une foi pure et certainement pas seulement intéressée. Nous sommes ici devant un phénomène analogue à l'action charismatique du Baptême.

Pour conclure, il convient d'être très attentif quant à la régularité des organisations dites charismatiques qui doivent bien entendu intervenir sainement sur les pénitents, c'est à dire en dehors de toute action qui serait du ressort d'une action faussement charismatique ayant ses origines dans des influences exclusivement physiques. Les conséquences de telles actions se révèleraient désastreuses tant pour la santé, le mental et le salut des fidèles.

*

2
Les exercices de Saint-Ignace
Une action métaphysique

Nous avons évoqué l'action charismatique dans les guérisons au cours de laquelle il fut question de l'intervention du soi de l'être humain dans sa manifestation subtile et plus particulièrement dans le « mental- conscience », celui-ci comprenant le « moi » (l'égo). C'est à la rencontre du Soi, principe transcendant et permanent avec la corporalité que se produit la conscience, centre intermédiaire entre le Soi et l'état grossier de toute l'individualité humaine.

Et c'est dans ce complexe subtil qu'interviennent les actions spirituelles résultant des exercices de Saint-Ignace. L'exposé présent tente d'apporter, le plus simplement possible, les aspects métaphysiques de cet enseignement de l'Église catholique.

Le Soi est le principe transcendant et permanent dont l'être humain n'est qu'une modification transitoire et contingente. Il revêt l'aspect d'eternite et d'immutabilité et ne peut être individualisé sans en être affecté ; il détient en lui une indéfinité de possibilités qu'il développe dans une idéfinité de degrés par un passage relatif de la puissance à l'acte. L'un de ses degrés est celui qui correspond à l'état individuel humain. Jean Tourniac Vie Posthume et Résurrection dans le Judéo-Christianisme.

L'individualité humaine se place donc à un certain degré de l'échelle ou de l'axe du principe divin qu'est le Soi. (Revoir le tableau «La multiplicité de l'être - Les états multiples de l'être, page 38) Ce degré de manifestation comprend toute la manifestation formelle avec ses deux états, subtil et grossier : c'est à dire les modalités corporelles de l'être humain et de toutes les autres situées dans le même état d'existence : animaux, plantes etc. sur cette latitude horizontale correspondant au degré de l'axe transcendantal du Soi dans lequel l'homme se situe : le centre ou l'intersection.

Les exercices spirituels de Saint Ignace sont des actes intellectuels et font appel à la conscience qui possède un double pouvoir d'analyse et de synthèse. Pour réaliser ces dernières, la conscience fait appel à la mémoire, aux souvenirs et à l'imagination. Les informations extérieures que peuvent apporter l'instruction au cours des exercices viennent enrichir le travail d'analyse par celui du raisonnement et aboutir à un jugement final. Ce travail intellectuel doit rencontrer les principes directeurs de base métaphysique qui permettront au candidat de progresser sur l'échelle (vers le haut).

> « L'homme, l'être humain par son mental-conscience est en quelque sorte situé au milieu de la manifestation individuelle corporelle propre à l'état humain en son entier. Il est à ce titre comme le point d'irradiation divine dans les cercles du même degré d'existence qui lui sont périphériques et concentriques mais de même niveau : corporel individuel ». René Guénon – États multiples de l'être.

Cette définition métaphysique est le fondement même de la contemplation *ad Amorem* de Saint Ignace. Ces exercices, nommés banalement « Retraites de Saint-Ignace », furent codifiés par Ignace de Loyola fondateur de la Compagnie de Jésus (Les Jésuites) en 1540. Son apostolat reposait sur la contemplation dans l'action. Il soutenait que la prière et la méditation et les facultés de discernement qui en résultent peuvent modifier la condition humaine.

Les expériences mystiques qu'il prône et les méthodes de contemplation, ajoutées à la valeur de l'action et d'une obéissance totale au pape, voir aveugle, sont comparables à la vénération de l'iman ou au maître spirituel – guru – de l'hindouisme. Mircea Eliade – Histoire des religions – Payot.) Il s'agit d'exercices inspirés de pratiques orientales qui prolongent et continuent une vieille tradition chrétienne des premiers temps du Moyen-âge, avant le 12ième siècle, mais sous un angle nettement métaphysique cette fois-ci.

Ces exercices à l'origine tentaient de former des athlètes spirituels et de les envoyer dans le monde ; ils ne s'adressaient donc qu'à un petit nombre d'adeptes et duraient quatre semaines. Ils reposaient sur le principe de la visualisation. Il s'agissait de composer de manière concrète et avancée un paysage et d'apprendre à sacraliser l'espace dans lequel on se trouve par la force de l'imagination de l'histoire sainte en commençant par la création : la contemplation *ad Amorem,* c'est à dire réaliser un certain état. L'homme est situé au centre de la manifestation corporelle au point d'irradiation.

L'ordre métaphysique n'était donc pas inconnu de l'Occident Chrétien. Ainsi les exercices de Saint-Ignace rejoignent sur certains points les effets de l'action charismatique par une réduction du spatio-temporel. Mais les retraitants se trouvent être cette fois-ci les acteurs mêmes de l'exploration de leur propre état subtil notamment dans l'environnement de leur mental-conscience.

Le retraitant peut parvenir à cette réalisation en tentant de se replacer au centre du paysage de la création divine qu'il aura reconstruit par son imagination, en se remémorant les bienfaits de Dieu à l'égard de l'homme, en faisant appel à son instruction religieuse et à ce que Dieu attend de lui. Il s'agit d'un exercice contemplatif. Ensuite, il considérera que Dieu est avec nous dans la création et qu'il y figure parmi les végétaux, les animaux, les hommes etc. Enfin dans toute la manifestation corporelle, l'homme est au centre de celle-ci. Le retraitant devra considérer qu'il est lui-même le temple de Dieu créé à son image.

Arrivé à ce stade le retraitant doit prendre conscience qu'il participe à l'œuvre divine et qu'il en est un coopérateur ou un des collaborateurs. Enfin il doit considérer que tous les biens et tous les dons viennent d'en haut. On considèrera que l'homme se trouve à l'intersection de la ligne horizontale des existences périphériques et de l'axe vertical divin ou si nous préférons sur les degrés des divers états multiples de l'homme que René Guénon décrit dans ses ouvrages. René Guénon – Les États multiples de l'être. Du même auteur : L'homme et son devenir selon le Vêdântâ et le symbolisme de la Croix.

Il est bien entendu qu'il n'est pas demandé aux retraitants de connaissances particulières en métaphysique pour comprendre que l'homme par son soi se trouve placé à un certain degré de l'échelle qui monte vers Dieu et que ces exercices ont pour objectif de s'élever vers Lui grâce à une activité spirituelle intense, ou si l'on préfère une activité intellectuelle forte qui consiste à associer des faits de conscience simultanés et successifs. Ceux-ci seront contrôles et placés sous la direction d'un prêtre selon des principes rigoureux afin de limiter tout élan émotionnel, par exemple.

S'agissant de la Conscience, il est utile de rappeler qu'elle représente le point de connexion avec le Soi. Il est évident que ces exercices possèdent un caractère psychologique fort. Sachant qu'ils ont pour objectif d'élever, c'est à dire de monter en degré l'échelle vers Dieu. Les candidats à de tels exercices doivent se montrer prudents dans le choix de leur directeur d'exercice afin d'éviter tout risque de descente, hélas plus souvent que l'on puisse l'imaginer.

Cette dernière remarque est l'occasion justement d'évoquer un sujet traité durant ces exercices, celui des influences errantes qui entourent l'homme, nous voulons parler du discernement des esprits ou de la méditation des deux étendards : il s'agit du péché des anges. Cela constitue une instruction qui permet d'approcher et de réaliser la distinction entre anges et démons, c'est-à-dire de procéder au discernement des esprits. Ces derniers pourraient entrainer l'homme sur l'échelle des degrés vers la descente des états inférieurs plutôt qu'à gravir l'echelle vers la montée des états supérieurs. Il en va du salut de l'homme.

3
Polémique autour du Linceul de Turin

Les scientifiques sont unanimes sur l'authenticité du Linceul de Turin. Ils proclament que l'être humain ayant gît dans le linceul a disparu sans laisser aucune trace, soit par son enlèvement par de tierces personne, dans ce cas les traces d'origine du premier contact avec la toile lors de la déposition du corps auraient été altérées, soit même par le corps lui-même dans le cas d'un retour à la vie par suite d'une reprise de connaissance du condamné.

En effet la datation au carbone quatorze prouve irrémédiablement qu'aucune trace de mouvements divers « post enveloppement » n'apparaît sur le drap et que le corps sanguinolent a disparu du linceul spontanément sans laisser les marques inévitables. Pour les scientifiques c'est un phénomène que la science ne peut aborder et ils affirment ne pas être en mesure de prouver la résurrection, mais ici s'arrête la science naturelle qui se limite au sensible. Pourtant la polémique continue au sein même de l'Eglise. Ce n'est pas la science qui est mise en cause à présent mais la foi dans le Linceul de Turin cette fois-ci.

Rappelons que l'Église a reconnu officiellement comme authentique le Saint Suaire depuis 1934 par la voix du Pape Pie XI. Toujours est-il que la Résurrection de Jésus dans la Nuit de Pâques reste et restera toujours une affaire de foi dans les écritures qui l'avait annoncée.

René Guénon dans son ouvrage « L'homme et son devenir selon le Vêdânta » se réfère aux textes sacrés de l'Hindouisme à propos des états posthumes de l'être et rappelle les conditions de retour au non-manifesté de l'individualité humaine après la mort :

> « *Celui qui a obtenu la vraie Connaissance ne passe pas par tous les mêmes degrés de retraite. Il se peut dans certains cas exceptionnels, que la transposition des éléments s'effectue de telle façon que la forme corporelle disparaisse sans laisser aucune trace sensible. Les exemples bibliques sont à rappeler : d'Hénoch, de Moïse et d'Elie* ».

Chapitre XIX, Différence des conditions posthumes du livre « L'Homme et son devenir selon le Vêdânta » pages 155 à 157.

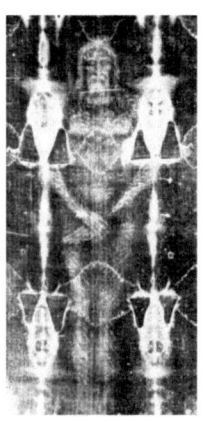

*

Conclusion

Cet aperçu sur les actions spirituelles nous révèle que l'Église Romaine possède (possédait) la Connaissance et tous les moyens sacramentaux d'une tradition bimillénaire, dont une grande part héritée de ses racines judaïques et même d'autres traditions, de prodiguer à ses fidèles les soutiens nécessaires à l'obtention de certaines grâces indispensables à leurs fins dernières. Il apparaît depuis les réformes liturgiques de 1962 à 1965 que Rome s'abstient d'accorder certaines pratiques ou les modère, tel que l'exorcisme au moment du baptême de l'impétrant. On notera également un manque de rigueur ou d'excès dans ses enseignements des exercices de Saint-Ignace et enfin la tiédeur des rites traditionnels liés aux pèlerinages etc...

Quant à l'Islam, nous avons vu que son action spirituelle repose sur des pratiques traditionnelles immuables et que le moment essentiel de ses actes charismatiques se situe lors du Pèlerinage hautement spirituel et initiatique de La Mecque.

Entre l'Absolu et les effets du cycle, le choix du croyant est limité. Sa progression sur l'échelle de l'Absolu, ne serait-ce que son cheminement sur l'axe médian qui le rapproche à son centre (absolu), est bien entendu difficile à réaliser sans l'aide constante d'une « organisation » spirituelle régulière, reconnue et digne de confiance, ce que fut l'Église Romaine.

Achevé le Quatre Septembre 2022.

Ouvrages consultés

Abbé Laguérie dans son Catéchisme chez Institut du Christ-Roi.

Chanoine Crampon dans la Sainte Bible 1938.

Charles-André Gilis (Abd ar-RazzâqYahyâ) dans La Doctrine du Pèlerinage chez Éditions Al Bustane en 1994.

Charles-André Gilis (Abd ar-RazzâqYahyâ) Le Qâf et les Mystères du Coran Glorieux chez Albouraq.

Charles-André Gilis (Abd ar-RazzâqYahyâ) Aperçus sur la doctrine akabarienne des Jinns chez le Turban Noir

Frithjof Schuon dans Logique et Transcendance chez Sulliver 2008.

Frithjof Schuon dans Mystères christiques chez Études Traditionnelles 1948.

Frithjof Schuon dans Christianisme/Islam Chez Arché Milan 1981.

Frithjof Schuon dans Résumé de Metaphysique Intégrale chez Courrier du Livre.

Frithjof Schuon dans Ésotérisme comme principe et comme voie chez Dervy.

Philippe Marin dans Pèlerins de Lorraine chez Éditions Serpenoise Metz.

Philippe Marin dans Chemins sacrés de Lorraine chez Éditions Serpenoise Metz.

Jean Tourniac dans Vie Posthume et Résurrection chez Dervy.

Jean Tourniac dans son ouvrage Melchisédech chez Dervy.

Joachim Jérémias dans *Die Abendmahleswörte Jesu* 1967.

Jean-Charles Pichon dans Les jours et les nuits du cosmos chez Editions Robert Laffont 1963.

Jean Markale dans La Femme Celte chez Payot.

Mircea Eliade dans « Histoire des Croyances et des idées religieuses » tome III, chapitre 38 Religion, Magie et Tradition Hermétique chez Payot.

Paul Chapuis dans Les Miracles chez Dorbon Ainé Paris.

Pol de Thugny dans Selon l'Ordre de Melchisédech chez BOD 2022.

René Guénon dans Le règne de la quantité et le signe des temps.

René Guénon dans Le Roi du Monde.

René Guénon dans Les États Multiples de l'Être.

René Guénon dans L'homme et son devenir selon le Vêdantâ.

René Guénon dans Le Symbolisme de la Croix.

René Guénon dans Aperçus sur l'ésotérisme chrétien.

René Guénon dans Aperçus sur l'ésotérisme islamique et le Taoïsme.

René Guénon dans Aperçus sur l'initiation chez Éditions Traditionnelles.

René Guénon dans Initiation et réalisations spirituelles chez Éditions Traditionnelles.

Xavier Guichard dans Les sites alésiens.